AF607716

ⵜⴰⵥⵉⵔⴳⴰ

Tazirga

UNA FORMA DE VIDA EN AGÁLDAR

Tazirga Una forma de vida en Agáldar
© Juana Moreno Molina
© LeCanarien ediciones (para esta edición)

Ilustraciones
Antonio J. Valencia Moreno

LeCanarien ediciones
Ctra. Gral. La Perdoma, 143
La Orotava – S/C de Tenerife
www.lecanarienediciones.com
686 186 730

Primera edición
Santa Cruz de Tenerife, noviembre 2025

ISBN: 979-13-87771-17-1
DL: TF 568-2025

Ninguna parte de esta edición, incluido diseño de interior y cubierta, podrá ser reproducida o utilizada mediante ningún medio o sistema informático, electrónico, fotográfico o mecánico sin previa autorización de los autores y/o editorial.

ⵜⴰⵣⵉⵔⴳⴰ

Tazirga

UNA FORMA DE VIDA EN AGÁLDAR

Juana Moreno Molina
Ilustraciones: Antonio J. Valencia Moreno

A todas las mujeres que han amado la libertad
y luchado por seguir su camino.

ÍNDICE

Nota de la autora

En las crónicas de la Conquista de Gran Canaria aparecen destacadas aborígenes que marcaron historia: reinas, princesas... pero también hubo otras que tuvieron un papel importante en aquel acontecer y de las que apenas se habla; una de ellas fue Tazirga ("la que lleva al mar"), inteligente mujer canaria de espíritu libre que tuvo parte activa en episodios destacados de estos hechos.

Como el presente no es un libro de historia me permito la licencia de imaginar en este relato cómo transcurrió la existencia de esta aborigen en la convulsa época de la conquista de la isla, intercalando acontecimientos y personajes históricos junto con otros hechos, probables leyendas y situaciones puramente imaginadas que sitúo en el tiempo y en la historia.

Introducción

En febrero del año 1503, me trasladé desde el Real de Las Palmas a la Villa de Gáldar para hacerme cargo como escribano de los asuntos legales de una importante mujer descendiente de la estirpe Semidán: Dña. Luisa de Bethencour, la que se llamó princesa Tenesso o Tenesoya antes de su bautismo en la fe cristiana. En su casa conocí al anciano Juan Fernández, acogido por ella en su vejez, ya enfermo, que vivió casi toda su vida cautivo por los habitantes de esta tierra antes de la Conquista.

Bajo el emparrado del patio de la casa de esta ilustre dama, pasé largas tardes acompañando al anciano, escuchando con expectación sus increíbles vivencias en esta isla, concretamente en esta reciente Villa de Gáldar que antes fue capital del guanartemato[1] de Agáldar[2]. Yo adivinaba en sus emotivos relatos el recuerdo imborrable de su amada Tazirga, la extraordinaria mujer que amó, tristemente fallecida hacía apenas un mes, y me rogaba con fervoroso deseo que, por medio de mi pluma, algún día se pudiera conocer la vida de su amada y sus andanzas por esta tierra.

Siempre recordaré aquel día claro y hermoso del mes de mayo cuando, de camino a la casa de Dña. Luisa, encontré al anciano personaje que, apoyado en su bastón, caminaba con pasos menudos por los alrededores de la Villa. Le invité a descansar bajo la sombra de uno de los grandes dragos que se extienden a lo largo de esta planicie y le animé a que me contara sus recuerdos, recuerdos que me mantenían muy interesado. En un momento dado, mi nuevo amigo hizo un alto en su relato y nos queda-

[1] Reino, gran demarcación territorial en la que estaba dividida la isla. En tiempos de la conquista había dos: Agáldar al norte y Telde al sur.

[2] Nombre antiguo indígena de Gáldar.

mos observando, pensativos, cómo algunas de estas extrañas y gigantescas plantas quedaban sangrando después de extraerle su roja y preciada savia, lo cual nos hizo recordar, con tristeza, la sangre derramada por la Conquista; sangre indígena y cristiana que, ahora, paradojas de la vida, estamos viendo mezclada en temprano mestizaje, pero estoy seguro de que, en el transcurrir del tiempo, de este cruce surgirá un pueblo orgulloso que no olvidará sus raíces.

Nuestra amistad siguió mientras la debilidad de este anciano se iba haciendo cada vez más acusada y su voz más cansada. Siempre que me trasladaba a la Villa a mis asuntos profesionales procuraba visitarle; sabía que le alegraba poder compartir conmigo todo lo que llevaba en su alma, que yo, con atención, iba guardando en mi memoria para luego trasladarlo en notas que iba archivando.

16 de octubre de 1503

Han pasado algunos meses de la muerte de mi amigo, que murió en la paz del Señor a la avanzada edad de 78 años y, sin olvidar su recuerdo, me dispongo a poner en orden este manuscrito para cumplir el deseo de aquel anciano que tuvo espíritu y proceder de canario, siendo otra su patria. Lo haré como si él mismo lo contara, a quien tuviera a bien leerlo, como hice yo al escucharlo.

Primera Parte

El soldado

En busca de otro mar

Me llamo Juan Fernández, hijo único de una humilde familia, nacido en el año del Señor de 1425 en Tazones, pequeño pueblo asturiano de pescadores, donde mi padre sustentaba con esfuerzo su hogar saliendo todas las madrugadas a la mar en su pequeña barca. Mi madre fue una mujer muy trabajadora, a pesar de su delicado aspecto, donde destacaba su blanca tez y su pelo rojo, que yo heredé; decía que era hija de un marinero irlandés que recaló por este olvidado pueblo hace tiempo, un hombre muy apuesto que sedujo a su madre y luego la abandonó. Ella ayudaba a mi padre remendando las redes y vendiendo el pescado por las callejas del pueblo y, a veces, a otros lejos de la costa, de donde regresaba, si vendía todo el pescado, cargada con algo de harina, legumbres y alguna pequeñez para mí.

Uno de los muchos recuerdos que tengo de mi padre era su alegría y su buen humor, siempre entonando aires asturianos mientras pescaba. Siendo niño quería ser pescador como él y sus primeras enseñanzas fueron a amar y respetar aquella inmensidad azul que nos daba de comer, a pesar de que su padre, mi abuelo, fue engullido por ella junto a su hijo mayor una noche que se desató de improviso una galerna mientras pescaban.

La felicidad de mi casa se truncó el día en el que el infortunio y las calamidades por una epidemia de peste se cebaron con mi pueblo, muriendo mis padres y muchos vecinos; yo sobreviví milagrosamente. Quedé solo y sin tener a nadie que me aconsejara y velara por mí, por lo que decidí vender, por lo que me quisieron dar, la barca y nuestra humilde casita y, sin pensarlo mucho, abandoné el caserío donde me crie, lanzándome al mundo para olvidar las desgracias sufridas.

Tenía apenas quince años, aunque aparentaba menos por mi constitución algo enclenque, cuando fui dejando atrás mi patria, llevando conmigo los recuerdos del amor de aquellos que me dieron la vida y de mi pequeña aldea de pescadores, empujado por el deseo de olvidar, o por lo menos suavizar, el dolor de las desgracias sufridas y conocer otros mares y otra gente. Nunca había salido de mi entorno marinero.

A lomos de la mula que ayudaba a mi padre a sacar la barca del mar, que no vendí, hice míos los caminos atravesando la Corona de Castilla, gastándome los dineros en posadas del camino, hasta que mi bolsa se vació.

Pasado Astorga y Benavente llegué a Zamora, donde tuve la oportunidad al pasar por una aljama, de vender la mula, muy a mi pesar, a un viejo musulmán, pues el hambre urgía. Me dieron muy poco por ella al ver cómo le sobresalía el costillaje al pobre animal; hacía tanto tiempo que no probaba la avena como yo que no probaba un buen plato de estofado. Con los dineros que me dieron me apresuré a comer en una posada el estofado de cordero deseado y comprar una buena manta de lana, pues ya se sentía el frío de la meseta.

¡Cuánto eché de menos aquel animal que tanto acompañó a mi padre en sus tareas y que fue también mi compañero en el deambular por estas tierras de Dios! Desde entonces viajé con muchachos como yo, abandonados, de los cuales aprendí mil pillerías para sobrevivir, hasta que un día robando manzanas de un huerto nos dieron de palos. Escarmentado, dejé aquellas compañías siguiendo mi camino solo y, a veces, acompañado por algunos peregrinos que hacían su vuelta a casa por aquella Ruta de La Plata, satisfechos y liberados de pecados por haber hecho el Camino.

Ya el invierno se estaba viendo venir y, con suerte, cuando tropezaba con alguna granja, trabajaba varios días arrancando cebollas o dando de comer a los animales, pero inquieto, me despedía y seguía mi andar durmiendo en cualquier pajar en el campo. En los pueblos, los pórticos de las iglesias fueron mi cobijo junto a mendigos, peregrinos y gente de mal vivir. Una de esas noches destempladas que dormía arrebujado en mi manta, alguien intentó meter la mano en mi bolsa, que usaba de almohada, buscando quizá alguna moneda o un mendrugo. A mis gritos llovieron trompadas, lo que aproveché para escurrir el bulto y buscar otro soportal donde guarecerme del frío, de la lluvia y de la gente desesperada. ¡Cómo lamentaba mi suerte! Sin familia, sin amigos, sin casa..., yo era un vagabundo que no me encontraba en el camino, confiando hallarme cuando llegara al sur y encontrara el mar que soñaba.

Llegué a Salamanca y me propuse descansar al abrigo de sus murallas, cerca del campamento de unos albañiles andaluces que acostumbraban a dirigirse con sus mulas cargadas con las herramientas de su profesión a ciudades cercanas, donde las imponentes catedrales y palacios a medio construir eran motivo de esperanzador empleo. Entablando conversación con el alarife, dejé caer mis ganas de trabajar como peón sin tener idea de esta profesión. Esta buena gente no dudó en aceptarme, formando parte de su caravana, que se dirigía a Cáceres. Con ellos estuve trabajando algún tiempo en la construcción de la catedral de aquella hermosa ciudad, como aprendiz de albañil, por el jornal que ahorraba, quedándome al socaire de las obras y comiendo miserablemente, pues seguía con mi idea de llegar al sur y al anhelado mar.

Una mañana me despedí del bondadoso alarife y de mis compañeros, cuando se presentó la oportunidad de viajar a Sevilla en una caravana que pasó cerca de las obras y que se dirigía a esa sureña ciudad; tenía la esperanza de que, si me admitían formar parte de su comitiva, sería mi oportunidad de llegar a ella; ya había experimentado lo peligroso que resultaba andar los caminos solo. Al patrón de las obras no le disgustó mi marcha, pues ya había observado mi poca destreza en la profesión. Me pagó unos dineros, que consideré excesivos por mi poco rendimiento, pero que agradecí, pues no estaba seguro de conseguir comer gratis por estas tierras de pobreza.

La comitiva iba encabezada por comerciantes judíos a caballo, seguidos por tres carros repletos de la lana adquirida a lo largo de la comarca extremeña y que arrastraban enormes y mansos bueyes. A esta laboriosa gente no le importó mi compañía ni que fuera cómodamente hundido en blancas guedejas de merinas sin importarme el olor que habían dejado sus propietarias.

El arrullo de los ejes del carro y la calidez de la lana me adormiló buen trecho del camino. Fue el repique de una iglesia cercana y la alerta del boyero de la carreta donde iba, los que me hicieron saber que habíamos llegado a nuestro destino.

No me cansaba de mirar el panorama que se abría a mis ojos, donde sobresalían los grandes y bellos edificios, por mí nunca vistos. Sí, hermosa ciudad, a pesar de la miseria descarada que se observaba en sus callejuelas, donde las diferentes razas que deambulaban: musulmanes, judíos, cristianos y esclavos africanos, daban un aire pintoresco a la ciudad, tan distinto a mis tierras norteñas.

De un salto bajé del carro y, después de agradecer a los comerciantes tan agradable compañía y transporte, empecé a vagabundear por Sevilla buscando trabajo de lo que fuera. Sin embargo, la desgracia seguía mis pasos, pues una noche que me alojé en una hospedería para viajeros pobres, cerca del Arenal, me robaron los pocos maravedíes que guardaba celosamente. El mesonero, hombre compasivo, viéndome tan perdido me aconsejó enrolarme en la partida de soldados que para la conquista de Canarias estaban reclutando unos catalanes. Me darían comida, una paga y la vaga promesa de que la suerte me estaría aguardando en aquellas lejanas islas. No lo pensé mucho: al día siguiente formaba parte de una leva integrada por campesinos sin tierras, huidos de la justicia y otros desgraciados como yo, grupo muy lejos de calificarse como de aguerridos soldados.

A la conquista de Canaria

No me extrañó en absoluto que para tan importante misión no fuera una flota con soldados diestros, equipados con armamento adecuado y caballos de guerra, ya que me habían dicho que el grueso de la expedición se encontraba en la isla de Canaria[1].

Así fue como me vi, después de un año que dejé mi hogar, a bordo de aquel velero rumbo a estas tierras, ataviado con indumentaria de soldado demasiada holgada para mi complexión y mis pocos años, armado con espada y lanza sin tener ninguna instrucción previa para la guerra.

Al poco tiempo de zarpar nuestro navío del muelle de Sevilla, se formó una tormenta con gran oleaje que lo zarandeó sin compasión. Todo eran gritos y órdenes; yo lo pude sobrellevar por tener experiencia con la mar; no así mis compañeros que, tirados por cubierta, lívidos, vomitaban todo el tiempo, algunos de ellos, hombres curtidos y robustos, llamaban a sus madres lastimeramente.

Mi deseo de ver otro mar se estaba cumpliendo y no paraba de contemplar, agarrado a las jarcias, extasiado, las inmensas olas que saltaban la borda intentando engullir la nave, mientras mi pensamiento volaba agradeciendo la oportunidad que me daba esta inmensidad azul de llegar a una tierra que, según me dijeron, estaba llena de oportunidades. En mi ingenuidad creía que, junto a un puñado de soldados mal instruidos, contribuiría a la mayor gloria de Castilla en su conquista.

La tripulación del velero entre oficiales y marineros ascendía a 8, siendo 70 la soldadesca. El capitán y comandante, maestre Guillem, era un hombre corpulento de mediana edad con una cicatriz en la cara que medio le cerraba un ojo, avezado y aventurado marino forjado en mil travesías, pero socarrón y oportunista que,

[1] Nombre antiguo indígena de la isla de Gran Canaria.

blasfemando con gran vozarrón, lanzaba órdenes a la marinería a diestro y siniestro en medio del bramar de la tormenta.

Las bodegas del bergantín, que de viejo gemía a cada embestida de las olas, iban medio vacías: apenas algunos fardos que contenían víveres, varias pipas de vino, armas y cadenas bien ancladas. Supuse en aquel momento que a la vuelta las llenaríamos con los grandes tesoros existentes en esta isla, premio por nuestro esfuerzo de conquistador. ¡Qué iluso era!

Después de quince días de travesía con mala mar, avistamos tierra por la parte sur de la isla de Canaria, observando desierta la costa donde se suponía que nos esperaba como refuerzo un destacamento militar que estaría allí establecido, según lo que nos habían dicho al embarcar en Sevilla.

El capitán no mostró extrañeza, como algunos compañeros tampoco, al ver desde la nave grandes piedras esparcidas por la costa de lo que fue una fortaleza; sin rastro de soldados. En ese momento vinieron a mi mente las cadenas ancladas en la bodega, presintiendo, desconcertado, que la venturosa misión no era la Conquista sino otra empresa: el rapto y la rapiña.

Cerca de las ruinas, en una miserable choza, malvivían dos ancianos frailes mallorquines que, al vernos llegar, con gran aspaviento nos aconsejaron levar anclas y salir huyendo a todo trapo, si no queríamos enfrentarnos a la belicosidad de los indígenas, los mismos que hacía años destruyeron el campamento cristiano matando a toda la guarnición, incluso a sus hermanos de congregación, escapando ellos de milagro. El capitán no hizo caso. Allí nos quedamos aprovechando la derruida pared del torreón donde acampamos. Las chalupas quedaron varadas a la orilla y al fondo, en la mar, se mecía tranquila nuestra nave.

Se proveyó de algunos víveres a los decrépitos religiosos, los cuales sobrevivían solo de lo que les daba la mar y de algo de gofio y manteca que, de vez en cuando, les traían algunos canarios compasivos. El capitán les prometió retornar con ellos a Sevilla en cuanto acabara su misión.

Con hipócritas palabras, nuestro jefe nos dio a entender que, al encontrar destruido el fortín y ni rastro de compatriotas, no podíamos desperdiciar el viaje y lo mejor sería capturar algunos canarios; a la vez que le daríamos una lección a aquellos salvajes por osar atacar a cristianos. Mis compañeros, más avispados que yo, ya habían caído en la cuenta de que la misión a la que se refirió nuestro capitán cuando nos contrató en Sevilla no era la Conquista; pero las ansias de aventuras y volver a casa ricos los tenía envalentonados pensando en el lucrativo negocio que se avecinaba. Yo me dejé llevar y fui un rufián más.

Encuentro con los canarios. Juan cae prisionero

Por mi parte, también tenía gran curiosidad por conocer a esta raza que muchos me habían pintado como crueles salvajes. Por desgracia no tardé en satisfacer mi curiosidad a los pocos días de mi llegada, cuando formé parte de un grupo formado por doce hombres al mando de un sargento, con la misión de adentrarnos en el interior de la isla a la captura de algunos indígenas; y, si se terciaba, también robar ganado. Esta era la orden que teníamos que cumplir. Yo callaba y obedecía pues para eso, sin saberlo, me había alistado: era soldado de fortuna a las órdenes de un esclavista.

Al poco de nuestra marcha sufrimos una emboscada en un angosto barranco, lloviendo sobre nuestras cabezas piedras y maderos. Con gran griterío, bajaron por ambas lomas guerreros armados. Nos defendimos como pudimos. Yo quedé contusionado y malherido, arrastrándome tras un risco. Tuve miedo y, como mis compañeros en la dura travesía de la mar, invoqué a mi madre.

Los canarios luchaban y se defendían de nuestros aceros con afiladas espadas de madera, garrotes, lanzas y pequeños dardos; uno de ellos me había herido la pierna izquierda. En aquella lucha murieron algunos de los nuestros, descalabrados y atravesados por sus peligrosas lanzas. Los que escaparon se retiraron a toda prisa a nuestro campamento llevando como rehenes a dos guerreros capturados.

Al socaire de la roca me quité el casco y palpé la contusión que me produjo de refilón una gran piedra y extraje con un gemido ahogado el dardo clavado en mi pierna. Estuve un rato escondido desangrándome hasta que acabó la batalla. Un canario me localizó y, quitándome la espada que había vuelto a empuñar al verle, alzó la suya para intentar rematarme; instintivamente quise protegerme con mi brazo cuando el que parecía ser el jefe lo impidió. Mi sorpresa fue grande, pues ya me veía muerto.

De este cruento encuentro quedé herido y prisionero junto con dos compañeros andaluces que no sufrieron daño. Los guerreros hicieron que estos dos cavaran un hoyo y enterraran los cadáveres de los nuestros, que yacían tirados entre las piedras del barranco donde corrían ya hilillos de sangre. No supe si hubo muertos por parte de los canarios, solo los capturados que, según supe más tarde, servirían de trueque para el rescate de estos dos sevillanos. Me enteré mucho tiempo después de que el rescate no se llevó a cabo y nunca llegué a saber qué fue de mis compatriotas ni de los canarios apresados.

Me vendé como pude la herida con unos trapos de mi macuto y, apoyándome en un palo, los victoriosos guerreros me obligaron a caminar con mucha dificultad junto a mis compañeros a través de parajes montañosos e inmensas arboladas hacia este guanartemato de Agáldar. Nuestros captores eran una partida que provenía de esta zona norte de la isla que ya marchaban triunfantes, luciendo entre risas nuestros cascos y armas como trofeos.

En aquel andar de horas de grandes fatigas, iba cambiando el concepto que tenía de estos canarios al comprobar cómo defendían su tierra y sus vidas frente a usurpadores; intuía que había algo de nobleza en ellos a pesar de que imponía temor su aspecto fiero, la desnudez de sus cuerpos pintados, sus rústicas pero peligrosas armas y la ferocidad en el combate; por otra parte, siendo yo un estorbo no entendía cómo no me remataban o abandonaban en el camino como hubiéramos hecho nosotros en el mismo caso.

Debido a mi cansancio y al dolor que me provocaba la herida no podía seguir el paso exigido, avanzando penosamente azuzado por sus lanzas de madera, que ellos llaman banot[2].

Al cabo de muchas horas nos detuvimos en un arroyo de claras aguas donde calmamos la sed y pude lavar mi herida, que había dejado de sangrar, pero tenía muy mal aspecto. Por señas, los canarios me indicaron que enterrara el vendaje empapado en sangre.

Llegada a la corte de Agáldar

Casi anocheciendo llegamos al poblado, sede del guanartemato de Agáldar. A pesar del cansancio y el dolor de mi pierna mientras subía el repecho de las casas cuevas, no dejaba de observar con asombro la gran superficie que ocupaba el poblado, cuyos habitantes salían de sus casas, curiosos; algunos nos siguieron hasta la corte increpándonos en su lengua. Aquí, en este mismo lugar, cerca del palacio donde nos encontramos ahora, me separaron de mis com-

[2] Lanza de madera, endurecida a fuego, con un ensanchamiento en uno de los lados para un mejor agarre.

pañeros, no sin antes despedirnos deseándonos suerte poco convencidos. Creí en aquel momento que no fui devuelto en el lote de prisioneros porque a la vista de la infección que tenía en la pierna habrían supuesto que no sobreviviría, o que a mis jefes no les interesaba un soldado medio muerto.

Me hicieron sentar al lado de la muralla de la gran plaza, acercándose mucha gente curiosa; algunos me insultaban, otros callaban señalándome. Allí una mujer caritativa me dio a beber agua del cántaro de barro que portaba, que yo bebí con ansia, dejando que mojara mi ropa, tanto era el fuego de mi cuerpo enfebrecido. Para mi sorpresa, una joven, casi una niña, se acercó a mí y me dio unos higos secos que yo agradecí con un hilo de voz, quedándome prendado de ella. Iba acompañada por una mujer que por el parecido supuse era su madre. La mujer tomó de la mano a la joven, que se había quedado mirándome, y desaparecieron de mi vista. Al rato se acercó a mí el guerrero que había impedido me remataran, junto con otro que ostentaba más autoridad, el cual me observó con atención, asintiendo. Yo los miraba lleno de miedo, temiendo lo peor.

Desde el poblado, residencia del guanarteme[3], donde habíamos llegado ya oscurecido el día, volvieron a hacer que caminara, casi arrastrándome, hacia la costa, al lugar que los castellanos llamamos Agujero, quizá fuera por unos grandes charcos de la orilla o por la estrecha abertura de una gran cueva, dejándome en una cabaña que hacía las veces de lazareto. Allí me dejé caer, más muerto que vivo, sobre una piel que había en el suelo. Pasé la noche sin dormir ardiendo en fiebre. Al día siguiente, temprano, una mujer muy anciana de cara tatuada requemada por el sol, adornada con abalorios y vestida con una ajada túnica de piel, observó la herida infectada de mi pierna mascullando algo y moviendo la cabeza; al momento se marchó para volver luego con un cuenco, con sabe Dios qué, para hacerme las curas; curas que siguió haciendo a diario a la vez que

[3] Rey indígena, persona de máximo rango y poder en la sociedad insular.

me dejaba como alimento, en un cuenco de barro, leche de cabra mezclada con la harina de cereal que llaman gofio; a veces era pescado que asaban en la misma puerta de la cabaña. Esta anciana me hablaba en su lengua como enojada mientras cuidaba de mí. Yo me dejaba hacer entre sorprendido y agradecido.

Pasaban los días y mi pierna iba sanando gracias al ungüento maloliente que nunca me atreví a preguntar en qué consistía, como tampoco supe de aquel brebaje que me provocaba arcadas y que, al poco de tomar, milagrosamente hizo que me bajara la fiebre.

Rogando a Dios que no lloviera, pasaba largas horas mirando sobre mi cabeza una rendija del techo por donde se colaba la luz, pudiendo ver un pequeño fragmento de azul y, con suerte, el vuelo fugaz de una gaviota. Por la noche podía ver las estrellas. Era joven y no decaía mi ánimo, pese a no saber qué sería de mí, prisionero en esta tierra de paganos.

No recuerdo cuánto tiempo estuve postrado en aquella zalea de cabra incordiado por viejas desdentadas que de vez en cuando entraban y me azotaban profiriendo insultos en su lengua, hasta aquel día, cuando le arrebaté la vara a una de ellas y no volvieron más.

Después de un tiempo, la anciana curandera dejó de entrar en la cabaña para hacerme las curas, pero de mala gana dejaba algo de comer a la puerta. Entendí que su tarea era solo un deber impuesto por sus jefes por su condición de sanadora. Yo era enemigo de su raza y quizá culpable de la muerte de algún pariente; era normal que no sintiera aprecio alguno por este desgraciado extranjero.

La inquietud y la zozobra no me abandonaban, siempre preguntándome por qué me dejaban vivir, por qué me curaban y por qué me alimentaban.

Encontrándome mejor, me arrastré a la puerta de la choza, que estaba cerca del mar y, respirando fuerte, me propuse recuperar mi maltrecha salud y planear mi fuga. ¡Qué iluso fui! No tardaron mucho en hacerme saber mi situación: era un cautivo y de ahora en adelante sería un criado. Agradecí mentalmente mi suerte, pues hubiera podido ser peor, así que me resigné y esperé pacientemente los acontecimientos mientras descansaba intentando recobrar fuerzas con lo poco que me daban para alimentarme, a la vez que iba aprendiendo la lengua de esta raza, prestando mucha atención y preguntando por señas las cosas, tanto a la anciana cuando aparecía por la cabaña, como a los curiosos que entraban y salían.

El faycán

Una mañana se presentó en la cabaña un personaje importante al que llamaban faycán; lucía una barba larga y canosa como su cabello trenzado. Vestía un faldellín de juncos y cubría su torso con una esclavina de piel. De su cuello colgaba un pequeño objeto cuadrado de barro donde se veían círculos de color blanco y negro. Llevaba en su mano un palo de mando adornado con muescas geométricas coloreadas. Yo me quedé embobado mirándole. Con el tiempo me acostumbraría a ver a personajes importantes adornados con estos símbolos.

Por señas y en enrevesada jerigonza, la cual llegué a entender apenas, el faycán me ratificó lo que ya sospechaba, aclarando, además, que mis tareas serviles serían para la corte y consistirían en pescar, limpiar y cocinar el pescado: los nobles, inmersos en tabúes, no podían hacerlo. Este personaje, altivo, antes de irse tiró de mi pelo rojizo y luego se miró la mano. Me quedé extrañado en ese momento, llegando a la conclusión de que el color de mi pelo rojo tenía que ver con sus creencias sociales o religiosas y por eso no acabaron conmigo cuando me capturaron.

Mi herida parecía curada y ya pude, cojeando visiblemente, llegar hasta la orilla del mar, donde el agua salada fue un bálsamo para mi atormentado espíritu, a la vez que eficaz remedio que arrastró el ungüento, la suciedad de mi cuerpo y de mi indumentaria. Quedé un buen rato tendido al sol, desnudo, mientras se secaba mi ropa. A pocos pasos unos niños curiosos y temerosos se acercaron para observar bien mi piel tan blanca y mi cabello rojo. Uno de ellos, con precaución, me tocó con una varilla de junco como si fuera un bicho peligroso; yo les sonreí y se relajaron: no mordía.

Mi pierna curó totalmente dejándome una fea cicatriz y una leve cojera para toda la vida, la cual no impedía mis tareas, ni mis idas y venidas de la mar a la corte.

Viendo mi recuperación, me echaron de la cabaña-lazareto para ser ocupada por varios guerreros heridos, siendo la misma anciana la que los curaba y alimentaba con más dedicación que cuando lo hizo conmigo. Observé que las heridas de estos guerreros habían sido hechas por armas de acero, señal de que alguna parte de la isla estaba siendo asolada por extranjeros armados.

Cuando me marché de la cabaña, agradecí a la anciana sus cuidados con una inclinación, mientras juntaba las palmas de mis manos. Ella me miró confusa e hizo el mismo gesto y, entrando en la cabaña, me entregó la zalea donde estuve postrado varios días pese a la indignación del guerrero herido que la ocupaba, mis botas y mi macuto.

Me refugié por algún tiempo en una cueva cerca del mar, mientras me iba adaptando a la vida de pescador, que en realidad no fue tan mala para mí por tener experiencia allá en mi tierra.

Poco a poco fui conociendo mi entorno buscando siempre a la joven dueña de aquellos ojos que me enamoraron en la corte cuando estaba herido y maltrecho y me dio unos higos que calmaron mi hambre.

Agujero: el caserío de la costa

La zona costera donde me encontraba albergaba un caserío de viviendas de piedra habitadas por varias familias dedicadas a diversos oficios y tareas donde sobresalía la pesca y el marisqueo. Casi la mitad de las casas estaban deshabitadas, observando con el tiempo que sus propietarios las ocupaban al final del verano, época de las grandes calmas, aprovechando la bonanza del mar para pescar y mariscar, volviendo al poblado cuando empezaban las primeras lluvias, siempre temerosos de los arribos de extranjeros no deseados. Se encontraban más seguros en la corte, alejados de la costa.

Grandes corrales encerraban numerosas cabras y ovejas, por lo que deduje que también se dedicaban al pastoreo. Las huertas verdeaban a derecha e izquierda de un arroyo procedente de un naciente de aguas claras que brotaba desde algún lugar de la falda de la montaña, escondido entre arbustos; su discurrir partía el caserío en dos, pudiéndose pasar de un lado a otro por troncos de palmeras, a modo de puente. A lo largo de su curso, entre juncos y culantrillos, existían varias pozas hechas de piedra y barro que retenían parte del agua para abastecer las necesidades del caserío y de sus huertas; seguía su discurrir entre piedras rodadas hasta cerca del mar, donde crecen plantas propias de la costa como el perejil de mar, muy aprovechado como remedio de ciertos males. Llaneando y sobre un lecho de arena, estas aguas bajaban mansamente para juntarse con la inmensidad salada.

Si miramos al este, entre casas habitacionales se encuentra el cementerio que alberga numerosas tumbas circulares, destacando una que, según me dijeron, pertenece a los difuntos de la realeza de Agáldar. Los villanos están sepultados por los alrededores bajo simples montículos y cercos de piedra. Procuré siempre no visitar esa parte de la zona porque, aunque disponían de un enterrador, este no se esmeraba en sus funciones, flotando en el ambiente cierto olor a descomposición que a esta gente parecía no molestar.

Cerca de un túmulo llamó mi atención una construcción semicircular con gradas, que llaman, en su lengua, "La Jurada"; allí se condenaba a los presos según su delito. Yo vi la ejecución de un condenado a muerte en ese lugar y aún me estremezco de horror. Era normal en esta sociedad las prácticas del ojo por ojo en las condenas.

Como mi situación en la aldea no era de tenerme en prisión, podía deambular por ella en completa libertad sin salir de los límites impuestos: de la costa al poblado, por lo cual el tiempo libre que tenía satisfacía mi curiosidad andando por todo el caserío con mi paso cansino de cojo, bajo las miradas de algunas vecinas, los viejos y los niños, que a veces me seguían curiosos; hombres en edad de guerrear se veían pocos.

Una de las cosas que atrajo mi atención aquellos primeros días de mi estancia en el caserío, era la actividad que se desarrollaba a las puertas de sus casas: mujeres de todas las edades tejiendo, desgranando legumbres, o cocinando y tostando la cebada que pronto, tras molerla en sus rústicos molinos de piedra, se convertiría en su principal alimento: el nutritivo gofio. Yo seguía mi camino envuelto en el grato aroma de la molienda que se mezclaba con el de la bajamar.

Mis renqueantes pasos me llevaron al oeste de la aldea, donde observé una hermosa playa de arena amarilla en la que desemboca un barranco bastante grande; viene costeando toda la población de Agáldar, regando en su recorrido extensas huertas con un caudal casi perenne todo el año, por la cantidad de barranquillos provenientes de nacientes que lo nutren. Era hermoso ver aves migratorias descansando en sus remansos, normalmente garzas. No me avergüenza recordar aquellos tiempos de hambre. Cuando la mala mar no dejaba pescar durante días, capturábamos lo que podíamos en míseras charcas para sobrevivir.

La primera vez que accedí al poblado de Agáldar desde el caserío de Agujero, fue por uno de los senderos más usados: la cansada pendiente que llega a la planicie donde se levanta el palacio y las casas pintadas, cuesta flanqueada de tarajales, cardones, tabaibales, dragos y algunos corrales de cabras. Otro acceso, también muy frecuentado, es por el gran barranco, siempre orillando entre exuberante vegetación y paralelo a las cuevas viviendas situadas a la izquierda. Fue por ese sendero, una vez que me dirigía a la corte, cuando me encontré con la joven de mis ensueños; iba junto a una mujer mayor y las dos cargaban cestos. No me atreví a acercarme, y haciéndome a un lado casi caigo al barranco, a su mansa corriente. Hubiera jurado en ese momento que, ella, parándose, me miraba con disimulada sonrisa. Sofocado seguí mi camino mientras oía a la anciana llamarla por su nombre: Tazirga.

Para llegar a una caleta de pescadores, existente más al este, hay un sendero que rodea la zona mortuoria para no importunar, dicen, el descanso de sus muertos. Recuerdo aquella vez que, cuando llevaba algún tiempo viviendo en el caserío, acompañé a Tazirga, que ya gozábamos de amoroso acercamiento, a ese lugar en la triste ocasión del ahogamiento de un pequeño, hijo de unos parientes suyos que vivían en las cuevas cercanas al mar. Ella le llevaba como consuelo a sus padres una pequeña figura de pez hecha de barro en memoria del hijo perdido, que nadaba como un pez. Sus afligidos padres lo incorporaron al ajuar funerario del niño.

Pescador y criado

Me admiraba la abundancia de peces por todo el litoral de Agujero, algunos desconocidos en nuestras costas asturianas. Si estos canarios hubieran tenido conocimiento de manejar una barca de pesca como las de mi tierra, estoy seguro de que hubieran conseguido grandes peces mar adentro; pero creo que esto no les preocupa, pues tienen suficiente con la pesca de orilla, donde también existen buenos ejemplares que capturan con sus rudimentarios anzuelos; incluso cuando se acercan a la orilla bancos de sardinas, las atrapan entre todos con unas redes hechas de juncos majados, muy elaboradas. En estas pescas colectivas participa todo el mundo con gran algarabía y alborozo, no quedando nadie sin su parte.

Con mucha voluntad aporté a los lugareños alguna técnica de pesca que yo sabía y, a cambio, ellos me enseñaron las suyas, primitivas y extrañas, pero eficaces.

El jefe del caserío, un bondadoso anciano ataviado con tantas pieles que parecía un macho cabrío, me facilitó anzuelos hechos de hueso y también cuerdas de tendones de animal, muy finas y fuertes que, atadas a un palo de sabina, me servían para pescar los grandes peces; pero normalmente participaba en la pesca colectiva, pues me agradaba estar entre ellos y ser uno más, conviviendo en armonía a pesar de ser un enemigo que invadió su tierra con muy malas intenciones. Para ellos yo era solamente un cautivo criado de la nobleza, por lo tanto, tenían que aceptarme y soportarme. No era un esclavo. Ellos no concebían la esclavitud.

Pronto empezó mi rutina al servicio de los nobles, yendo casi a diario a la corte para llevar, previamente limpias de vísceras, las capturas de la jornada, capturas que también acostumbraban a hacer los nobles por deporte. Uno de ellos llamado Guayedra, el cual con el tiempo llegó a ser guanarteme, buen pescador y buceador, de vez en cuando me requería para que lo acompañara a la mar. Yo lo hacía con gusto, pues me agradaba que no fuera tan altivo como otros nobles.

Cuando acompañaba a estos principales a la pesca, me dejaban sus capturas, que yo limpiaba y ensartaba en un cordel de palma, marchando detrás de ellos hasta el poblado. Allí no terminaba mi tarea; tenía que asar el pescado en las brasas dispuestas en la cocina colectiva, situada cerca de la Cueva Pintada, y llevarlo a sus mesas en unos grandes platos de barro que se guardaban en una pequeña gruta que hacía de granero o despensa. Previamente me agenciaba mi parte, que comía allí mismo.

En estas cocinas colectivas conocí a muchas mujeres del poblado; yo era el único varón que cocinaba. Me colmaban de atenciones dándome a probar sus guisos, que yo aceptaba gustoso. Para ellas yo era un ser inofensivo, sin rango, y sin la estatura ni la complexión de los jóvenes de su raza. Creo que les inspiraba protección.

En ocasiones, cuando los nobles querían darse un festín de pescado en la misma orilla del mar, me encargaba de recoger madera y aulagas por las inmediaciones para hacer una hoguera; y, mientras iba asando las capturas que ellos habían hecho por deporte, observaba cómo mar adentro disfrutaban con las olas. Yo me quedaba allí, cuidando el asado y reflexionando sobre mi situación de semiesclavitud y la imposibilidad de salir de la isla. Con desaliento, como siempre, me hacía las mismas preguntas: ¿a dónde huir en un territorio tan pequeño rodeado de mar donde un extranjero como yo muy pronto sería localizado por mi pelo rojizo y mi cojera? También me planteé acogerme a los extranjeros que invadían las costas cuando arribaban con la intención de saquear u obtener algún beneficio mediante el trueque; pero, desgraciadamente, no había visto ni oído ningún desembarco por esta zona norte. Se comentaban más los arribos por la zona sur, pero sabía que, en caso de intentar llegar a ellos, me prenderían tarde o temprano. Suspirando dejaba mis cavilaciones, optando por dejarme llevar por el destino.

El fraile

Un día me sorprendió encontrar por el sendero que desde la corte llega a la costa a un anciano fraile franciscano que cambió los hábitos por el tamarco[4], dedicándose a cultivar un huerto en el barran-

[4] Traje confeccionado con piel curtida, de una sola pieza.

co, cerca de su cueva. Desde ese día comenzó nuestra gran amistad. Se llamaba Rodrigo y lucía una larga barba blanca, cubriéndose la cabeza con un gorro puntiagudo de piel de cabra. Apenas le quedaban dientes en su boca e iba siempre encorvado, apoyándose en un palo que ya relucía por el uso.

De su tamarco pendía un crucifijo. El faycán le consentía su estancia en el poblado, pero le prohibía hablar de su religión; aun así, la mayoría de la población lo respetaba por su humildad y generosidad, al dar una parte de su cosecha a quien lo necesitara y otra como tributo al guanarteme, quedándose él apenas las migajas. A veces coincidíamos en los caminos y conversando lo acompañaba a su pequeña parcela, donde tenía plantadas habas, arvejas y hierbas olorosas, cuyas semillas se había traído del huerto del convento, allá en su tierra, antes de partir; otras veces lo veía mariscando y capturando pequeños peces con una gueldera hecha de junco que él mismo había confeccionado; siempre por el mismo sitio, cerca de una pequeña cueva azotada por las crecidas de mala mar que, con el paso del tiempo, se llamó Cueva del Fraile.

Este religioso, querido por todos, era mallorquín pero también hablaba el castellano. Llegó hacía ya mucho tiempo, siendo un joven fraile, en un navío junto con soldados fuertemente armados y con cuatro hermanos de religión.

Mi anciano amigo me contaba que él y otros tres franciscanos arribaron por la caleta a bordo de varios botes con soldados, siendo observados con recelo y curiosidad por los canarios; él se quedó en el poblado con ánimo evangelizador con poco éxito, por lo que al cabo de un tiempo desistió. Los demás religiosos siguieron tierra adentro. Los navegantes, sus compatriotas, después de adquirir algo de ganado a cambio de objetos de poco valor regresaron a su nave, frustrada su intención de llevarse cautivos; tanto les intimidaba el guanarteme que había bajado de la corte a la costa y que, al frente de sus guerreros, observaba el trueque con cara de pocos amigos. La nave siguió su curso costeando la isla buscando mejor oportunidad

de invadir y rapiñar por otro sitio. De aquellos religiosos que siguieron tierra adentro nunca más se supo. No sé por qué me abstuve de mencionar al anciano los frailes que encontramos en nuestro arribo al sur de la isla. Quizá porque no estaba seguro de si aún vivirían allí o habían partido a Sevilla como les habían prometido.

Este franciscano fue el eslabón que me unió a mi tierra. Siempre lo recordaré con cariño; me trataba como un hijo. Un día amaneció muerto en su huerto entre sus hierbas olorosas y me llamaron para que dispusiera su cuerpo. Lo vestí con el ajado hábito de franciscano que guardaba celosamente en su cueva y lo llevé a un lugar boscoso a las afueras del poblado donde le di sepultura. Marqué su tumba con una cruz y recé las oraciones que recordaba, sin ocultar mis sollozos a un grupo de mujeres algo apartadas que, con los niños prendidos a sus vestidos, me observaban con triste semblante.

Pasé mucho tiempo echando de menos la cruz que el anciano marcaba en mi frente en cada despedida.

El huerto del fraile no quedó abandonado después de su muerte. Las mujeres a las que el religioso ayudaba regalando sus cosechas eran varias, con muchos hijos. Ellas retomaron las tareas en la pequeña parcela, beneficiándose de sus cultivos por la gran necesidad; sus hombres estaban casi siempre ausentes, ya fuera para cuidar el ganado de los principales, ya movilizados como hombres de pelea, y eran ellas las que luchaban por su supervivencia y la de sus hijos.

Pasado algún tiempo, gocé de cierta libertad entre los habitantes de Agáldar. Conocí al guanarteme Egonaiga, el cual me impresionó por su estatura y la majestad que irradiaba; también conocí a varias doncellas nobles de la corte y a la bondadosa reina, Atendiura, a la que le hacía gracia mi forma de hablar su lengua, corrigiéndome muchas veces entre risas. Era de notar que las mujeres nobles no eran tan altivas en el trato con la clase inferior como lo eran sus hombres. Me llené de tristeza, muchos años más tarde, cuando supe de su muerte al dar a luz a su única hija, la pequeña Arminda Masequera.

Como había sospechado al no deshacerse de mí cuando me hirieron y me capturaron, tuvo algo que ver mi pelo rojizo, pues según observé el guanarteme y muchos nobles se teñían la barba de rojo con un tinte hecho de hierbas, como señal de autoridad y nobleza. Quizá mi pelo les haría pensar que yo sería alguien importante. Me llamó mucho la atención, también, que todos llevaran como distintivo un colgante de barro cocido, como aprecié en el faycán, de variadas formas y dibujos, coloreados en muchos casos. Estas pintaderas las lucían como adornos a la vez que tenían la función de sellos para identificar una propiedad.

Atabara

Con el tiempo, tuve que dejar la cueva porque quedaba anegada por las periódicas crecidas de mala mar y me propuse hacer una choza para cobijarme. Pedí permiso al anciano del caserío, que me indicó dónde hacerla: un sitio plagado de aulagas y tabaibas, algo separada de las demás y muy cercano a la orilla del mar. Puso a mi disposición, como ayudante, a un muchacho casi de mi edad, muy robusto, que se llamaba Atabara; no hablaba, silbaba sin parar, era su modo de comunicarse, pues era mudo. No tardé en reconocer por el tono de sus silbidos lo que intentaba decirme y pronto tuvimos una comunicación aceptable. Cuando descubrí que el muchacho era sordo y mudo de nacimiento me quedé más tranquilo, acordándome de las duras leyes de esta cultura.

La choza la hicimos pequeña y cuadrangular, aunque la mayoría de ellas en la aldea son cruciformes y muy grandes para poder albergar una familia extensa. Arrastramos grandes bolos de basalto para los muros, de los que había dispersos por toda la zona, y sellaba las juntas con barro; mientras, el muchacho, haciendo un alto, me miraba negando con la cabeza y silbando; extrañado, no comprendía lo que quería advertirme (mucho más tarde lo comprendí). En el centro de la choza atravesamos un palo de pino largo y otros sirvieron de travesaños. El techo lo recubrimos de lascas de piedra y plastas de barro y hierba, como hacían los del lugar. El piso era tierra apisonada.

Los vecinos, al ver mis esfuerzos y mi carencia de herramientas, me habían dejado una especie de mazo para poder romper el duro basalto y adaptarlo a los muros. La tabona[5], piedra que usaba para limpiar el pescado, me fue muy útil para arrancar las duras hojas de palmera; estas, junto con algunos palos, me sirvieron para hacer la puerta de la choza. Mis amos no tardaron en facilitarme otra, más afilada, pues aún no tenía esa destreza para afilar la que tenía. Algunos habitantes del caserío tenían cuchillos de los nuestros, verdaderos tesoros que obtenían por medio de trueques con los navegantes que se acercaban a estas costas y en los expolios a los enemigos vencidos en las frecuentes escaramuzas.

El palmeral, donde me abastecía de támaras, estaba cerca de la costa; y los bosquecillos de tarajales, que llegaban hasta el caserío, suponían un valioso aporte de leña para los lugareños, igual que cardones y aulagas, aptos también para hacer buen fuego.

Poco a poco, iba haciendo mi casa con la ayuda de Atabara. Cuando me ausentaba para cumplir con mis tareas de pescador, este muchacho silbador seguía trabajando en ella con mucha voluntad. Fue un fiel y silencioso amigo que me acompañó a pescar muchas veces, hasta el día en el que se marchó con una partida de guerreros a luchar, su gran deseo, y no volvió. Nunca supe si murió o fue cautivo.

---

[5] Obsidiana, piedra volcánica de color negro u oscuro que se utilizaba como cuchillo.

La choza la terminé yo solo y no quedó muy hermosa, pero estaba contento con ella: era mi hogar; mi refugio. Muchos vecinos se paraban y movían la cabeza dudando de mi aptitud como albañil, pero no me importaba.

El jefe del caserío me facilitó el humilde ajuar para mi flamante choza: una zalea para abrigarme (ya tenía otra que usaba de cama), un cuenco de barro para el agua y un tiznado gánigo[6]. Poco a poco fui teniendo más objetos que me facilitaban la vida, como un plato de barro y una cuchara de madera que yo mismo hice, aunque a veces usaba la concha de una lapa, como mis vecinos.

Tardé mucho en aprender a hacer fuego frotando unos palos; mientras, unos vecinos me daban brasas de sus hogares para prender el mío, que yo hacía con tres teniques[7] delante de la choza, como ellos para asar el pescado, guisar un poco de carne y poco más. Dentro, en el centro, tenía otro hogar donde colocaba carbones encendidos para calentarme en los inviernos.

Por las tardes, terminadas mis tareas, me sentaba a la puerta de mi choza; me sentía tan solo que venía a mi mente el recuerdo de mi casa, allá en Asturias, siendo casi un niño; la figura pequeña y tierna de mi madre, que me inundaba de caricias que yo rechazaba pensando que sucumbir a ellas no era de hombre; el canto de mi padre faenando en la mar, o cuando me enseñaba a recoger las redes y de vez en cuando revolvía mi rojo pelo en ademán cariñoso y al que yo correspondía con una sonrisa de orgullo.

Estos recuerdos endulzaban mi soledad alentando mi instinto de supervivencia hasta llegar a amoldarme a las costumbres de este pueblo para subsistir, sobrellevando mi condición de cautivo, ya que no tenía otra alternativa.

---

[6] Recipiente de cerámica realizado con arcilla, moldeado a mano y cocido en horno u hoguera.

[7] Piedras duras, usadas especialmente como elementos del hogar (cocina).

Tazirga y la miel de mocán

Evoco aquella vez que tuve cerca de mí a Tazirga y hablé con ella torpemente (aún no dominaba totalmente su lengua). Por aquel tiempo ella tendría quince años y yo diecisiete, según mis cuentas. Acostumbraba a mirarla de reojo cuando la veía pasar cerca de mi cabaña y ella se paraba viendo cómo la hacía. Un día me trajo una jarrita de barro con miel de mocán y un ungüento para mis desolladas manos, quedándome sorprendido; no esperaba tanta atención por parte de una mujer en cuya cultura es vergonzoso dirigirse o hablar con extraños. Atabara, en aquella ocasión, lanzó un largo silbido como de alerta, pero lo acallé al momento dándole a probar la miel. Yo no dejaba de mirar a la joven, farfullando, nervioso, actuando con falso aplomo. Ella, sin embargo, actuaba con naturalidad, a veces divertida al ver mi turbación. A aquel encuentro se sumaron muchos más, dando sentido a mi existencia durante mi cautiverio y prolongándose hasta mi vejez, ya libre.

Siempre tuve en mi memoria aquel día y puedo evocar cómo la vi. Era Tazirga, de mediana estatura, delgada pero fuerte, de piel bronceada. Llevaba sus oscuros cabellos trenzados, sus soñadores ojos pardos, casi verdes, ojos que llevaba en mis pensamientos cuando la vi en el poblado siendo casi una niña; su boca sonriente, enmarcada en gruesos labios, dejaba ver sus dientes sanos. Destacaban en su bello semblante sus pómulos altos, propios de su raza. Lucía un vestido de piel pintada de rojo y amarillo hasta media pierna y, colgado de su cinturón, el tahuete[8] de fina urdimbre de junco majado, donde guardaba objetos muy valiosos para ella. Casi siempre iba descalza por el caserío, solo se ponía sandalias cuando subía al poblado de Agáldar o hacía sus interminables viajes. Resaltaba su personalidad libre, haciendo lo que le parecía justo, raro en aquella cultura de sometimiento de la mujer. Por esa razón muchos

[8] Bolso de junco o de piel curtida utilizado para el transporte.

la miraban de reojo desaprobando su modo de actuar, a la vez que la admiraban.

Con Tazirga mantuve una relación amorosa que, con el tiempo, se convirtió en un amor maduro y cómplice. Me habría casado si ella lo hubiera querido. Tenía un gran sentido de la lealtad y un razonamiento que chocaba con las costumbres de su raza, inmersa en tabúes. En parte, este razonamiento era influenciado por mis relatos de la tierra que dejé y la curiosidad de ella por saber.

Revivo, relatando a vuestra atención, querido amigo escribiente, lo que viví con esta extraordinaria mujer, lo que ella me contaba de su vida, de su familia y lo que supe por muchos que la conocieron.

Segunda Parte

Tazirga

La joven Tazirga

A Tazirga le dolían los pies, pero no pensaba descansar hasta llegar a su casa. Llevaba mucho rato caminando por aquel sendero tan conocido, hollado por los pies de su gente en el ir y venir cotidiano. Su madre estaría esperándola inquieta y sus hermanos reirían contentos al verla llegar. Ella no lo notaba, pero a poca distancia la custodiaban dos jóvenes de su familia que se dirigían también al caserío de cuevas.

Tenía en aquel tiempo apenas trece años y era la mayor de sus hermanos. De naturaleza rebelde, amaba la libertad y disfrutaba conociendo el fascinante mundo que la rodeaba, arriesgándose por los caminos confiada, sabiendo el gran respeto que los hombres de su raza le tienen a las mujeres y a los niños.

Se sentó al abrigo de un risco masajeando sus doloridos pies descalzos y pensó en recordarle a su madre la promesa de que le regalaría unas sandalias de piel de cerdo, como las de ella, cuando fuera doncella. Había soñado con estar cómodamente calzada en sus largas caminatas, pero a pesar de haber dejado la niñez hacía ya varias lunas, aún no había calzado las soñadas sandalias. Observó cómo temblaban los guaidiles por la brisa precursora de agua y el cielo de nubes amenazantes, sintiendo no poder llegar a su casa antes de que cayera la lluvia.

Después de su corto descanso, Tazirga volvió a cargar a su espalda la mochila de junco llena de lapas y burgaos, producto del marisqueo de toda la tarde con su abuela, y emprendió la marcha a pesar de la débil lluvia, acelerando sus pasos alentada por el breve trecho que le faltaba para llegar a la degollada del barranco, donde se divisaban en la ladera varias cuevas que forman el hogar de su gente. Allí vivía con su familia y todos sus parientes, dedicándose las mujeres al cuidado de su hogar, de sus hijos, de sus huertos de legumbres, además de trabajar el barro para convertirlo en útiles domésticos. Los hombres cuidaban los rebaños de cabras y ovejas, propios o de principales, además de arar y sembrar cebada y trigo, llevándose por un eficaz calendario natural; tareas que quedaban suspendidas cada vez con más frecuencia cuando resonaban en la lejanía los bucios llamando a pelea. Eran tiempos muy difíciles para los canarios, siempre alerta por las frecuentes visitas no deseadas de extranjeros que asolaban las costas y penetraban la isla tierra adentro.

La madre de Tazirga, Atteneri, bella mujer de piel morena y de facciones propias de su raza, que a su vez heredó Tazirga, era una hábil locera, confeccionando diversos utensilios de barro de uso común y otros decorados primorosamente. La muchacha estaba aprendiendo a familiarizarse con ese trabajo y ya lucía al cuello un collar de canutillos de barro hecho por ella.

Abentahar se llamaba su padre, hombre de gran fortaleza, de cabello corto y rapada barba, como deben lucir los plebeyos. Este hombre destacaba por sus habilidades en la lucha del garrote, que a modo de deporte ejercitaba con otros de su clan; pero últimamente lo usaba también como arma de guerra, por sus peligrosas estocadas. Cuidaba el rebaño de cabras y ovejas del faycán[9], obteniendo parte de beneficio para su familia, llevándolas de un lado a otro entre riscos y montañas buscando siempre buenos pastos, ayudándose en sus desplazamientos de una larga lanza o garrote de madera terminada en una punta afilada y endurecida al fuego. Sin sosiego, vivía alerta a la llamada de sus jefes de guerra, ausentán-

[9] Sacerdote, personalidad con poder en la sociedad indígena; segundo en relevancia tras el guanarteme.

dose muchas veces para participar en las frecuentes escaramuzas, no teniendo más remedio que dejar el ganado a cargo de sus pequeños hijos o de algún pariente.

Tazirga subió la empinada cuesta y, saludando a sus moradores, fue dejando atrás cuevas y más cuevas, viviendas de tíos, primos y otras parentelas hasta llegar a la suya. A la entrada, cuatro palos sostenían un toldo hecho de pieles y, debajo del mismo, tres mujeres se afanaban confeccionando útiles de barro. Poco más allá vio a su madre con el tamarco recogido a medio muslo, amasando la roja tierra con los pies; ella, en aquel momento, asoció las piernas de su madre, que relucían por la roja arcilla, con los idolillos hechos por su tía después de bruñirlos; unos idolillos todo piernas, vulva y vientre. Las tres mujeres la saludaron contentas sin dejar sus tareas, preguntando por la salud de su abuela, que apreciaban mucho; no en vano era su parienta cercana.

La muchacha entró en su hogar dejando su carga en un rincón a sabiendas de que no tardarían sus tías en dar buena cuenta de los mariscos. En su poblado se compartía todo como una especie de trueque. En aquella ocasión las mujeres que ayudaban a su madre en la alfarería ya se vieron pagadas saboreando el rico manjar del mar.

Aunque cansada de su caminata desde la costa hasta el poblado de su gente, a requerimiento de su madre bajó la ladera contraria a su hogar llevando una talla a la cabeza; sin tardanza, llegó a la inmensa hoya que acoge campos de legumbres y sembrados robados a una selva que sombrea el horizonte, donde abundan laureles, brezos, fayas, almácigos y mocanes. El rumor del naciente, mezclado con los trinos de los pájaros, reflejaba un ambiente relajante y encantador que ella adoraba. No tardó en dirigirse a una pequeña alberca, separada del naciente, donde unas mujeres llenaban sus cántaros de agua y, desnuda, sin poderse reprimir, se sumergió en la poza con satisfacción, mientras algunas la amonestaban escandalizadas.

Cayó la tarde en el poblado de cuevas y no se acababan las tareas. Aquí y allá se fueron encendiendo los fogones al pie de los hogares para preparar los alimentos. Del naciente llegaban las mujeres que acarreaban los últimos odres y recipientes de agua; y a lo lejos, algunos hombres fueron llegando de sus parcelas, precedidos por sus perros después de la larga jornada en los campos. En los corrales las cabras, que esperaban el ordeño, se entretenían rumiando la hierba que habían pastado todo el día en los prados. Atteneri, viendo a su hija llegar del naciente con la talla a la cabeza, le encargó, antes de la tarea del ordeño, buscar a sus hermanos que jugueteaban por los alrededores; estaba cayendo la oscuridad y había que recogerse en el hogar con sus puertas bien atrancadas porque, llegada la noche, siempre le asaltaba el temor por aquellos grandes perros rabiosos que encarnan el espíritu del mal. Su marido, como casi siempre, andaría peleando no se sabe dónde. Tazirga rezongó que andar con el ganado no es lo suyo y le advirtió a su madre su intención de marchar a la costa a vivir con su abuela desde que su padre regresara pues, aunque le agradaba el ambiente campestre y el cariño de los suyos, su independiente carácter estaba más en concordancia con el de su abuela, que la dejaba hacer.

Ayudada por una de sus tías, la muchacha ordeñó las cabras mientras sus hermanos, los pequeños gemelos, miraban ansiosos cómo el gran cuenco iba llenándose de blanca y espumosa leche que pronto saborearían en su cena, mezclada con gofio y algunos higos pasados. Pero ya oscurecía y no acababa la tarea: aprovechando la débil luz de una lámpara de barro alimentada con grasa de animal, su madre dispuso los preparativos para cuajar la leche y hacer el queso, manjar poco disfrutado por su familia; la mayor parte era entregada al faycán, dueño de las cabras que cuidaban.

Cayó la noche en el poblado de cuevas, con sus puertas bien cerradas y sus moradores a buen resguardo dentro de sus hogares, los cuales, adueñados de supersticiones, recitaban letanías invocando protección al poderoso Acorán hasta que caían rendidos de sueño.

El regreso del guerrero

Para alegría de todos, el padre de Tazirga no tardó muchas lunas en llegar. Exhausto de sus campañas guerreras, pero sin sufrir heridas, entró una mañana en su hogar, para júbilo y sorpresa de su familia; dejó en un rincón el magado y su rodela llena de muescas, y se sentó en la estera de junco, donde su mujer, solícita, no tardó en servirle un cuenco de barro colmado de trozos de carne de cabra guisada con manteca que él fue comiendo con avidez mientras la mezclaba con gofio de cebada. La familia y vecinos acudieron a dar la bienvenida al guerrero: abarrotando la cueva, escuchaban atentos narrar, entre bocado y bocado, su última campaña, donde dejaba entrever su desaliento por el sangriento encuentro con los extranjeros en el barranco de Agumastel, donde fueron derrotados a pesar del arrojo y la valentía de su partida, mandada por un valeroso guayre[10].

Abentahar siguió contando a los suyos, que lo rodeaban expectantes, cómo aquellos soldados extranjeros con armas terribles y montados en animales imponentes que llamaban caballos, parecían invencibles en la pelea. Enseñó la herida, ya curada, que le dejó la pica de un soldado y contó con amargura cuántos compañeros no tuvieron tanta suerte como él de salir vivo de aquella batalla. Siguió el asombro de todos cuando mostró la espada de acero de un soldado muerto, que había cogido al replegarse su partida hacia las montañas. Las viejas del clan se afanaron al momento en anular el mal del acero, murmurando sortilegios.

Recuperado de sus fatigas, este bravo guerrero retomó sus obligaciones como pastor y agricultor, ocupándose de la sementera por estar en la luna propicia. En su ausencia, sus parientes habían arado el terreno que le habían asignado. Las lluvias estaban al caer.

---

[10] Jefe con poder local sobre una demarcación, consejero del guanarteme y miembro de la nobleza.

Tazirga cumplió su palabra de marchar; ya había preparado un hatillo con sus cosas, que cargó a la espalda, luciendo las sandalias prometidas. Su madre, resignada, la acompañó hasta la corte, llevando una carga de diversos utensilios de barro que cambiaría por cosas de su necesidad, como acostumbraba cuando bajaba de La Degollada cada cierto tiempo. Aunque todas las mujeres de la comarca eran diestras en utilizar el barro en la confección de objetos, destreza que heredaron de sus antepasados, las ollas, cuencos y jarras que hacía esta locera eran muy apreciados por la ligereza y delicadeza de sus adornos de almagre.

Atteneri sabía que era inútil prohibir la marcha a su hija: conocía muy bien su fuerte carácter a pesar de la corta edad. Ella siempre intuyó que el modo de ser de la muchacha era herencia de los Semidanes: ni dócil ni complaciente, como las mujeres de su casta. Albergaba la esperanza de que su marcha no sería para siempre y que tarde o temprano la vería subiendo La Degollada con el zurrón lleno de mariscos.

De camino a la corte

Las dos mujeres emprendieron el camino sendero abajo, dejando atrás las innumerables cuevas. En el llano, echaron a andar por las veredas entre campos de cebada y trigo e higueras cargadas de frutos. Más allá de las huertas, donde se cultivaban diversas legumbres, pasaron por los inmensos palmerales, que aún se ven en el frondoso barranco. Un riachuelo atravesaba el cauce formando pozas de agua limpia, que la gente del poblado aprovechaba para distintas utilidades, observándose pieles de cabras y ovejas puestas a secar en palos que luego serían curtidas, además de hojas de palmera en remojo en charcas que luego se convertirían en cestas y alfombras. Más allá, entre risas, chapoteaban niños desnudos. Se pararon las dos mujeres para saludar a conocidos e intercambiar noticias, pocas veces gratas debido a las incesantes visitas de extranjeros ávidos de pillaje.

Esta fue la primera parada de la madre y su hija, donde intercambiaron pequeños objetos de barro por támaras y otras menudencias. Sin detenerse mucho, subieron la pequeña loma que serpentea entre cuevas viviendas hasta llegar a la corte de Agáldar. En su transitar no dejaban de admirar las casas pintadas, primorosamente construidas en toba y piedras de barranco; hogares de los principales del poblado, situados al lado de otras casas más humildes, pero también muy bien construidas y decoradas.

Por senderos estrechos, que hacían las veces de calles, circulaban las dos mujeres parándose y saludando a conocidos que iban de un lado a otro. Atteneri llevaba entre sus útiles de barro algunos idolillos de fecundidad que varias mujeres del poblado le habían encargado y que ya estaban esperando ansiosas a las puertas de sus viviendas desde que vieron a madre e hija remontar la cuesta. Ella no admitía nada a cambio de estas figurillas, que eran el medio de invocar a su dios por la fertilidad, tanto de la mujer como del ganado, incluso de la tierra que acoge la semilla para obtener buena cosecha.

Si todo le iba bien, pensaba Atteneri, de regreso a su caserío llevaría pescado ahumado que, en cestos de palma para su trueque, exponían unas pescadoras al socaire de una torre, a un paso de la Casa de las Doncellas. Pensaba conseguir también una piel fina que curten y pintan unas laboriosas mujeres cerca de la Cueva Sagrada; con ella haría tamarcos a sus pequeños.

Mientras su madre se hacía con el pescado y las pieles, Tazirga visitó la Cueva Pintada y admiró el vivo color y el perfecto diseño que cubre sus paredes. Preguntó a una mujer por el significado de esas enigmáticas pinturas, pero esta solo le supo decir que son cosas sagradas desde muy antiguo. Salió de la cueva poco satisfecha de la explicación, encontrándose con su madre que, terminado el trueque de sus vasijas, la esperaba.

Anduvieron algo más, una junto a la otra, hasta el palacio del guanarteme, quedando un buen rato extasiadas, como siempre cuando bajaban a la corte, por la magnificencia y la grandiosidad de la edificación y de las pinturas que la adornaban; y esperando ver salir de allí a la reina acompañada de su corte a dar pequeños paseos por el poblado como acostumbraban, saludando a la gente a su paso, siempre protegidas por una escolta de guerreros. La gente la adoraba por su sencillez a pesar de su rango.

Al oír fuerte griterío cerca de la gran plaza, madre e hija se acercaron curiosas y vieron a un grupo de personas increpando a un joven extranjero custodiado por dos guerreros, que mostraba una fea herida en una pierna y, derrengado, apoyaba su espalda al muro del cerco. Tazirga se compadeció de él y le dijo a su madre que le diera algo de comer de los víveres que llevaba en la cesta, pues presentía que estaría hambriento. La joven se acercó con unos higos pasados y el muchacho no dudó en cogerlos, sorprendido, y dando las gracias con un tartamudeo sin dejar de mirar a la joven.

Las dos mujeres siguieron su camino en silencio alejándose de la plaza para detenerse en la estrecha calleja donde parte el sendero cuesta abajo hacia la costa.

Antes de despedirse de Tazirga, su madre le dio un pequeño cántaro decorado con franjas de almagre pulido, obsequio para su abuela, y emprendió el camino de regreso a su hogar, complacida por sus adquisiciones, aunque un tanto entristecida por la marcha de su hija. Tazirga, por su parte, siguió por aquel sendero tan conocido pensando en aquel muchacho herido, de pelo rojizo, que la miraba con sus grandes ojos azules.

Tercera Parte

El soldado y Tazirga

El pozo de Las Mujeres

Una mañana, apenas amanecida, fui a pescar y, pasando el arroyo, oí risas y cantos en la orilla del mar; me acerqué y me sorprendí al ver a unas mujeres que se bañaban en un pozo natural, mecidas por pequeños oleajes, donde destacaban hermosas jóvenes. Nunca olvidaré el apuro que pasé por no saber que aquel baño de las mujeres era sagrado y que a los hombres se les tenían vedado estar cerca en esos matutinos rituales. Las bañistas, indignadas, me hacían señas de que me fuera. Lo hice a toda prisa y, al alejarme del lugar, me topé con unos hombres que me amenazaron con grandes gritos, llevándome algún que otro puñetazo. Mi salvación fue una anciana que salió del pozo y, cubriéndose con una piel, los calmó dando grandes voces con autoridad. Esta anciana, que ya conocía por haberla visto con Tazirga en algunas ocasiones, era su abuela, a quien llamaban Maday. Tengo que aclarar que nunca más osé pasar cerca del pozo de Las Mujeres cuando de lejos oía risas femeninas.

No eran solo las plebeyas las que disfrutaban de los baños tempranos; también la reina y otras nobles bajaban con frecuencia desde la corte con su escolta de guerreros, que se apostaban algo alejados de los bañaderos, mientras las mujeres disfrutaban de la fría agua a temprana hora de la mañana.

Maday era una anciana aún fuerte y buena nadadora a pesar de la edad, completamente autosuficiente y vinculada a la mar, de donde obtenía su sustento, además de las legumbres que cultivaba en su pequeña huerta y la leche de sus dos cabras. Su alegría eran las visitas de sus nietos y, en especial, la de Tazirga, que tenía su mismo carácter independiente.

El esposo de Maday había muerto hacía mucho tiempo, siendo Atteneri su única hija. Fue este plebeyo un buen pescador, proveedor de los Semidán hasta su muerte, ocurrida cuando, en su afán de marisqueo, murió despeñado por los acantilados que dan a la necrópolis. Lloró mucho tiempo su pérdida y a pesar de que, siendo aún joven, un familiar del difunto la solicitó en matrimonio, fue rechazado por ella. Sin marido, se veía capaz de obtener su sustento y el de su hija con sus propios recursos.

Esta anciana disfrutaba de su nieta los días que la llevaba a mariscar en marea baja por los riscos y charcos del litoral. Muy diligente, la muchacha prestaba mucha atención en cómo utilizar la obsidiana afilada para coger lapas, así como en la destreza para capturar pulpos. Tazirga era buena nadadora como su abuela y con frecuencia se internaban las dos mar adentro por puro disfrute.

La joven Tazirga, junto a chicos y grandes, practicaba el arte de embarbascar, que consistía en acorralar peces en los charcos adormeciéndolos con leche de tabaiba o cardón. Yo llegué a participar algunas veces en esta peculiar pesca para el abastecimiento de la casa del guanarteme, tarea muy fácil; pero no me atreví a comer ninguno, me daba reparo enfermar si comía estos pescados atontados.

En palacio, cuando llevaba la pesca del día lista para su consumo, la gentil esposa del rey ordenaba que me dieran un jarro de leche de cabra, junto con algunas támaras o mocanes, y cada vez que le devolvía el recipiente vacío, me lo entregaban de nuevo lleno. A mí me daba mucho apuro, no quería parecer un pedigüeño, pero nunca rechazaba nada porque siempre andaba hambriento.

La vida en el poblado

En mi deambular por el poblado, como por el caserío de la costa, observaba la escasa población existente del sexo masculino. Entre los pocos hombres que se veían, había algunos guerreros mutilados de guerra que, sentados a las puertas de sus casas, hacían menuda artesanía como tallar madera o hueso mientras cuidaban de sus hijos más pequeños; otros se conformaban con estar tendidos en una zalea a la puerta de su cabaña con la cabeza vendada con una piel y los ojos fijos en algo, sin ver; daban lástima. Dependientes del cuidado y la caridad de sus allegados, estos orgullosos guerreros no dejaban de lamentar su desgraciada y afrentosa situación pero, sin embargo, nunca fueron desamparados por sus esposas ni por su gente. Los ancianos se ocupaban en tareas a la medida de sus fuerzas, normalmente el cuidado del ganado en los corrales, orgullosos de ser útiles a la comunidad.

Sobre los hombros de las mujeres recaía toda la responsabilidad de sus hogares: criaban a sus hijos dándoles de mamar hasta muy tarde, curtían las pieles, elaboraban cestos, alfombras y vestimentas que hacían con juncos majados y pieles curtidas; eran alfareras, cultivaban sus huertos, pescadoras, mariscadoras, orchilleras... El desgaste de sus cuerpos era evidente. A pesar de tanto trabajo, estas mujeres podían disfrutar de distracciones como aquella vez que tuve la oportunidad de conocer el pozo de Las Mujeres, cuando se bañaban y casi me matan por atreverme a mirarlas. Estos baños eran normalmente purificadores después del periodo lunar, pero también disfrutaban de la mar por puro solaz con sus familias y vecinos en las épocas del Beñesmén[11], celebrando la festividad que

[11] Festividad indígena celebrada en el momento de recoger las cosechas (aproximadamente en agosto), en la que había grandes convites y se realizaban juegos diversos. Durante la celebración se mantenía la paz entre los diferentes bandos.

amenizaban con bailes y canciones, dando gracias a su dios por las buenas cosechas que garantizaban su supervivencia.

Algunas mujeres jóvenes y fuertes del poblado se dedicaban a la recolección de orchilla, desplazándose por los peligrosos acantilados más allá de Laguete. Atadas a unas cuerdas, estas mujeres bajaban al precipicio con una mochila de piel al costado, donde iban metiendo el liquen que arrancaban de la roca. El arrojo de estas mujeres era empujado por la necesidad, no dudando en arriesgar su vida por los regalos que recibían de los extranjeros en el abusivo trueque, casi siempre alimentos. Los navegantes aprovechaban la fácil forma de enriquecerse con este organismo del que se obtiene un tinte muy apreciado.

Me contaron que una de las mujeres beneficiadas del huerto del fraile fue orchillera; ella no dudó en cambiar esta peligrosa profesión por la de hortelana, por el miedo a morir despeñada y dejar a sus hijos huérfanos, regalando sus sogas y arneses a una joven del poblado que aprovechó la oportunidad marchando hacia el peligro. Desgraciadamente no regresó.

El soldado enamorado

Ya había pasado un año de mi llegada a esta tierra tan alejada de la mía a la que poco tardé en adaptarme, viviendo sin rechazo alguno de su gente. Tazirga era una de las muchas personas que me consideraba un igual, aunque mi relación con ella era muy especial por la atracción que existía entre los dos.

Nuestro enamoramiento surgió de la forma más natural, encontrándonos el uno en brazos del otro una tarde en mi cabaña. Fue nuestra primera experiencia, que a lo largo de nuestra existencia siempre recordaríamos con una sonrisa y un latir rápido de nuestros corazones.

Entre mis evocaciones más preciadas y recurrentes están las tardes en la playa después de una jornada de pesca y antes de subir a la corte a llevar las capturas, cuando los dos nos tumbábamos en la arena. Tazirga apoyaba su cabeza en mi hombro y embobados mirábamos cómo el sol desaparecía en el horizonte después de obsequiarnos con su gama de colores. De mayores, esa ternura permaneció entre nosotros sin importar las largas temporadas que ella pasaba en el cenobio o de viaje; viaje que casi siempre hacía sola a cualquier parte de la isla que le pareciera interesante, tanta era su curiosidad y sus ansias de saber.

Los vecinos del caserío de la costa, como los del poblado, se acostumbraron a vernos juntos, a pesar de los tabúes de su cultura y la maledicencia de algunos, a los que Tazirga no hacía caso. Conmigo nadie se metía, me consideraban protegido del faycán; incluso pude dejar crecer mi cabello, que llevaba atado a la nuca; pero mi escasa barba roja apenas crecía, cosa que me mortificaba. Con el tiempo mi cuerpo fue adquiriendo fortaleza; ya no era el joven canijo que llegó a estas tierras, aunque nunca llegué a tener la corpulencia de los jóvenes de esta raza.

Un día yendo a por agua, encontré a mi amada junto a otras muchachas a la orilla del naciente, riendo y cantando mientras se trenzaban los mojados cabellos y se pintaban extraños círculos, rayas y puntos en las partes de sus cuerpos que dejaban al aire sus vestimentas de piel. Yo me acercaba y las obsequiaba con caracolillos, que ellas, con gran destreza, convertían en lindos adornos para su pelo. Ese día Tazirga me regaló un collar con tres conchas de lapa que ella misma puso en mi cuello; yo, sofocado, escuchaba las risas de sus compañeras que intentaban pintarme la cara con rayas rojas y negras. Algo alejadas, sus madres nos amonestaban con gritos, tanto a mí como a sus hijas.

Con el tiempo formé parte de la comunidad pero, eso sí, como criado de la corte y sujeto a restricciones. No niego que al principio de mi cautiverio pasó por mi cabeza la idea de escapar y de vez en cuando venía a mi mente esa esperanza, haciéndome siempre las mismas preguntas: ¿pero a dónde? Como no fuera por mar, acogiéndome algún barco de mi raza que abordara la isla, pero, ¿cuándo vendrían? ¿Y si caía en manos de esclavistas? Poco a poco iba dejando de preocuparme; por un lado porque no veía solución y, por otro, porque el amor de una mujer me aferraba a esta tierra. Así que me acostumbré a vivir como uno más en el poblado.

Mi raída camisa de soldado la cambié por el tamarco y mis destrozadas botas por sandalias de cuero, quedándome con los calzones hechos jirones. Normalmente por la mar iba descalzo y solo con los calzones, cada vez más menguados de rotos como estaban; pero me negaba a usar los faldellines de junco o los taparrabos que usaban los hombres; me daba reparo dejar mis vergüenzas sin protección.

No podía llevar armas, me lo tenían prohibido, solo la tabona para mi trabajo; aunque pronto la cambié por un cuchillo de verdad obsequio del viejo faycán, que no me consideraba peligroso. No tardé en fabricar la vaina, que hice con un trozo de piel de cabra para tenerlo a mano en mi cinturón.

Los temores que me embargaban al principio de estar con esta gente fueron desapareciendo. Asumí la vida entre ellos sin rechazo y compartiendo tanto sus alegrías como sus penas; me fui haciendo un canario más.

El tiempo transcurría y Tazirga fue convirtiéndose en una hermosa joven en un ambiente relativamente tranquilo, aunque de vez en cuando se alteraba con noticias de invasiones en algunos puntos de la isla. Ella no dejaba de visitar al resto de su familia, admirada de ver cómo crecían sus hermanos y temiendo, a la vez, el día en el que tuvieran que pelear. Los muchachos se entrenaban con su padre en la lucha cuerpo a cuerpo y la lucha del garrote, pero no tardarían muchos años en bajar a la corte y entrenar en la gran plaza las estrategias de lucha y defensa propias de un guerrero.

Nuestro incipiente amor fue creciendo apacible, cada vez más fuerte, y nuestros encuentros eran más frecuentes a medida que iban pasando los días; sin embargo, iba notando en mi amada cierta desazón e inquietud; la razón era que su abuela y toda la comunidad, observando nuestros amores, ya le habían insinuado la posibilidad de tener que casarnos, cosa que la puso en alerta: se negaba a hacerlo. Yo no comprendía muy bien su negativa, sabiendo que me quería; pensé que era por la atadura y la pérdida de libertad que conlleva el casamiento. Yo, obcecado, le decía que en caso de unirnos en matrimonio no iba a cambiar nada pero, en el fondo, si lo meditaba bien, sí que cambiaría. Reconocía, en mi egoísmo, que sería plenamente mía por ese vínculo y a la vez también admitía, apenado, no tener nada que ofrecerle, solo mi cariño y mi destreza de pescador.

Viene a mi memoria aquella tarde en la playa, en nuestro sitio predilecto, muy cercano a la casa de su abuela, cuando Tazirga, tocándose el bonete de piel de baifo[12] que cubría su cabeza, me contó el inútil motivo de este obsequio por parte de la anciana. Ella se la figuró largas jornadas ablandando la piel con sus gastados dientes con la intención de que lo luciera el día de presentarla en la casa del guanarteme y ofrecerla como criada. La anciana tenía esperanzas en que, en aquel ambiente refinado, tuviera la oportunidad de conocer a alguien importante, por ser bastarda de noble, y al fin verla casada ventajosamente; consideraba este un mejor porvenir que como esposa de un plebeyo o un criado como yo.

[12] Cría de la cabra.

Tazirga se reía de la obsesión de su abuela por casarla. Hacía bastante que era mujer y el casorio, ya lo dejó claro, estaba muy lejos de su pensamiento, a pesar de los evidentes amoríos conmigo. La joven comprendía que en su cultura la finalidad de las mujeres es el sometimiento al marido y traer hijos al mundo, cuantos más mejor; pero ese destino no lo deseaba. Se estremecía cada vez que lo pensaba: amaba mucho su libertad, aunque era muy cariñosa con los hijos de los demás; pero la posibilidad de ser sometida al derecho de los nobles la primera noche de desposada la atormentaba, y no estaba dispuesta a pasar por ello. Comprendí de inmediato que ésa era su principal negativa al matrimonio.

Su abuela le ponía como ejemplo de buen proceder como mujer a las jóvenes de su raza, que se casaban casi siendo niñas; así la mayoría, de apenas quince años, como sus primas, ya eran madres por segunda y tercera vez. Estas jóvenes, envejecidas prematuramente, se parecían a sus madres.

Su carácter decidido, a pesar de su corta edad, frustró los sueños de su abuela porque no quiso ser criada en la corte, ni a la larga tomar casorio ventajoso.

Ella me contó que su nacimiento fue el resultado de aquel derecho de la clase dominante de yacer la primera noche con la joven casada: su madre. Costumbre muy arraigada en la cultura aborigen que choca con el respeto a la mujer y ocasiona menosprecio al villano.

Para esta muchacha no fue noticia grata saber cómo fue concebida, llegando a comprender perfectamente la humillación sufrida por aquel que llamaba padre, y el esfuerzo que tuvieron que hacer los esposos para crear armonía en su convivencia.

Esta declaración de Tazirga me hizo comprender cómo estimaba la libertad de gestionar sus propias emociones cuando me decía que por nada del mundo estaba dispuesta a sufrir aquella costumbre abusadora de poder, que padecieron su madre y muchas otras mujeres de su raza.

Tazirga ingresa en el tamogante

Un día, el espíritu inquieto y novedoso de Tazirga la alentó a ingresar en el cenobio para aprender de las devotas harimaguadas[13]: la vida de recogimiento y los rituales sagrados que tanto admiraba, además de las propiedades curativas de las hierbas y los misteriosos sortilegios. Su abuela, mujer que conocía el carácter aventurero de su nieta, no se opuso a su deseo de partir hacia Laguete, donde estaba ubicado el tamogante[14], sabedora de que su madre no lo hubiera consentido.

Fue un día alegre y soleado cuando dispuso su viaje. Yo le rogué con anhelo acompañarla y no dudé en pedir permiso al anciano jefe del caserío que me lo concedió pues, por mi condición de cautivo, me tenían prohibido ir más allá de la corte sin permiso.

Salimos muy de mañana. Tazirga llevaba una bolsa de junco a la espalda que apenas abultaba y yo, en mi macuto, algo de comer. Parecíamos dos chiquillos escapados de sus casas ilusionados con la aventura. Para mí lo era, pues desde que había llegado a este caserío, hacía ya dos años, nunca había ido tan lejos.

---

[13] Mujeres que formaban parte de una institución religiosa, muy respetadas por la sociedad indígena.

[14] Cenobio, convento. Lugar de residencia de las harimaguadas, cercado por muros.

Nos demorábamos por el camino, ya observando algún pajarillo extraño para mí o recogiendo algunas hierbas medicinales que ella conocía: gozosos de estar juntos. Descansábamos en pequeñas calas para comer algo y hacer acopio de mariscos que ella llevaría como presente a las sacerdotisas. Sin prisas y sin testigos, nos bañábamos en las tranquilas aguas, gozando de nuestra juventud.

Retomamos nuestro caminar tomados de la mano algo afligidos, pensando en nuestra separación. Tazirga hacía que me fijara muy bien en los senderos y en el paisaje por miedo a perderme al regreso.

Llegamos al tamogante por la tarde. Las gentes de esta tierra llaman tamogante al lugar donde residen las mujeres sagradas, las harimaguadas. Este, el de Laguete, era un recinto muy grande y muy bien amurallado. Tazirga se perdió por el gran portalón de entrada; antes me envolvió en un prolongado abrazo que mantuve en mi enamorado corazón y en mi memoria, hasta volverla a ver mucho tiempo después.

Tras dejarla en aquel recinto me eché a andar cabizbajo y a medio camino del caserío de Laguete la noche se cerró sobre mí. No dudé en quedarme en la playa al socaire de unos tarajales. Al amanecer, cuando me desperté, me vi rodeado de unos curiosos lagartos que salieron huyendo. No me causaron ningún miedo, ya me había acostumbrado a verlos; en esta tierra son de grandes dimensiones.

Proseguí mi camino fijándome en las rocas, en las tabaibas, en los verodes y en la perfecta, esbelta y árida montaña de Agáldar, allá lejos, donde a su vera se vislumbra apenas el poblado. Llegué a media tarde y, antes de descansar, me zambullí en las claras aguas de una cala del caserío, que no logró mitigar mi pena por la partida de mi amada.

Seguí en la costa con mi rutina de pescador, colaborando además en las diversas tareas que me encomendaba el anciano jefe del caserío cuando había mala mar y no se podía pescar; incluso aprendí a andar con el ganado. Los ancianos me enseñaron a fabricar punzones, espátulas y agujas de hueso. También las jóvenes, sentadas a las puertas de sus casas, entre risas e intenciones seductoras, dejaban que observara cómo elaboraban, con una trama perfecta, diferentes prendas con juncos y alfombras de palma. Yo admiraba su destreza sin poder reprimir mis requiebros, que ellas recogían halagadas; al fin y al cabo, éramos jóvenes y ese juego nos complacía mientras sus madres no nos llamaran al orden. Eran inocentes galanteos por mi parte... y por parte de las muchachas no tanto, sabedoras de la ausencia de aquella que yo amaba.

En mis ratos de soledad me preguntaba cuándo regresaría, pues, conociéndola, alentaba mi esperanza de que no tardaría mucho en regresar al caserío y contaba los días, pero pasaba el tiempo y ya dudaba en volverla a ver; incluso me atreví a preguntar a su abuela con algo de reserva, pues reconocía su poca simpatía hacia mí por no ser el partido ideal para su nieta. Maday me dijo que también la echaba de menos y que sabía, por las maguadas de la Casa de las Doncellas, que Tazirga se encontraba en el faycanato del sur hacía ya tiempo. Me quedé desalentado temiendo no volver a verla.

Viaje al sur: Umiaga

Tazirga no estuvo mucho tiempo en el tamogante de Laguete; le ahogaba el encierro, por lo que aprovechó la oportunidad de viajar a la montaña sagrada de Umiaga por asuntos sagrados, allá en los dominios del fanático faycán tuerto Guariragua.

Era costumbre de los dos cenobios, del norte y del sur, intercambiar conocimientos sanadores, rituales sagrados y tabúes, discutiendo en asambleas anuales. Esta vez se discutiría, entre otras cosas, la inutilidad de mantener algunos tabúes que la población ya no respetaba, influenciados por el modo de vida y de pensar de los extranjeros en las frecuentes visitas a esta isla; visitas que en algunas ocasiones duraron bastante tiempo en la zona sur.

Para la importante misión encomendada, ya había partido el día anterior el poderoso sacerdote del guanartemato de Agáldar. Así que al día siguiente, muy de mañana, se echaron al camino rumbo al sur la bondadosa sacerdotisa que las protegía, llamada Aregoma ("mujer sabia"), junto a las dos novicias: Tazirga y Acerina. Viajaban por agrestes caminos, cruzando barrancos, palmerales y senderos de cabras; subiendo y bajando frondosas montañas donde la niebla nunca se disipa, siempre admiradas por la belleza del paisaje, distinto de la zona norteña.

A media mañana, cuando pasaban por la ladera de un barranco, tuvieron que esconderse tras unos peñascos, asustadas, al divisar muy cerca una partida de soldados extranjeros a pie, mandados por otro a caballo, llevando varias cabras robadas. Estuvieron un buen rato sobrecogidas de miedo hasta que pasaron de largo sin verlas.

Reanudaron con ligereza su marcha, ahora más precavidas. Al rato oyeron, barranco abajo, un griterío y entrechocar de armas. Al poco tiempo, una partida de guerreros de su raza se les acercaba junto con el ganado recuperado después de una breve lucha. Daban grandes gritos y, con llamadas de bucios y silbidos, se concentraban en aquella zona de palmeral llamada Atamarazait[15]. Venían desde Aterore[16] persiguiendo a los ladrones. A consecuencia de la lucha llevaban un compañero herido de lanza, dirigiéndose a una cueva cercana para que pudiera descansar.

[15] Nombre antiguo indígena de Tamaraceite.

[16] Nombre antiguo indígena de Teror.

Estos guerreros se pararon al verlas, sin osar acercarse, adivinando en ellas mujeres sagradas por las largas y blancas túnicas. La harimaguada, sin hacer caso a su turbación, sacó de su zurrón unas hierbas curativas untadas de manteca y, acercándose al guerrero, las aplicó a su brazo herido sin importarle su asombro ni el de sus compañeros, influenciados por el tabú de estar cerca de ellas. La novicia Acerina se apartó al ver la sangre que manchaba el vendaje de piel del guerrero, lo cual le valió un reproche de la harimaguada, diciéndole que una de las misiones de una buena sanadora es familiarizarse con la sangre de las heridas, con la misma naturalidad que lo hacen las mujeres con su sangre lunar, pero lo ocultan a los hombres por el horror que estos sienten.

Los guerreros, repuestos del asombro por la cercanía de las religiosas, les informaron que en muchas partes de la isla estaban entrando extranjeros con intención de quedarse, como hicieron aquellos al levantar una torre en el sur de la isla hacía tiempo; aclararon además que no eran como los que venían a por esclavos y se llevaban a lo más granado del poblado para luego salir huyendo en sus embarcaciones; eran otros, mejor armados y a caballo, que entraban por las costas con intención de arrebatar la tierra, matando y esclavizando. Por eso la estaban defendiendo, abandonando a sus familias, los cultivos, los rebaños y, como muchos hermanos, sacrificando sus vidas.

Ya en camino las atemorizadas viajeras comentaron con mucha preocupación las palabras de aquel guerrero.

La harimaguada, mujer compasiva y con un gran entendimiento de la condición humana, le dijo a la novicia Acerina que no se afligiera por su reproche, dándole a entender que, si quería ser harimaguada y buena sanadora, no hay que hacer mucho caso al tabú de la sangre cuando se cura a un hermano.

El sol reinaba muy alto cuando llegaron al corazón de la verde y oscura selva que era refugio del ambicioso guerrero al que llamaban Doramas; este las acogió en su cueva ofreciéndoles comida y descanso. A pesar de ser un trasquilado, las viajeras observaron en él un porte de autoridad y de confianza.

Tazirga me confesó, tiempo después, que apenas cruzó su mirada con el joven jefe sintió, sobresaltada, una gran atracción hacia el valiente guerrero, despertando en ella la misma emoción que sentía conmigo. Inexperta mujer, confundió la admiración con el amor. La harimaguada, mujer sabia, prontamente la bajó de la nube donde su juventud la había instalado, haciéndola saber con mucho tacto que el corazón de aquel guerrero ya tenía dueña y era, ni más ni menos, que una princesa de los dominios sureños. Miento si digo que no sentí las punzadas de los celos cuando me lo contó.

Al día siguiente las tres mujeres, después de agradecer la hospitalidad de aquel famoso guerrero, prosiguieron su andar por aquellos desconocidos parajes. Tazirga, cabizbaja, seguía a sus compañeras sufriendo el primer desengaño de su vida, tristeza que apenas duró una jornada, privilegio de un voluble y joven corazón.

Descansaban en los pequeños caseríos que encontraban a su paso, siendo agasajadas por las mujeres con mucha devoción, compartiendo sus pobres provisiones: gofio, leche, higos pasados y a veces, un sabroso guiso de lentejas. Los hombres se mantenían aparte respetuosos.

Al abrigo de almácigos y sabinas hacían un alto para recrearse en la belleza del paisaje y elevar oraciones a su dios Acorán.

Siguieron su caminar cruzando pinares que ensombrecían los senderos, barrancos con correntías, llanos con cultivos de cebada y trigo; higueras, mocanes y madroños con el fruto maduro que no dudaban en coger para alimentarse lo justo. Ya al atardecer, atravesaron, incansables, grandes montañas con apenas cultivos de secano, donde pastaban una infinidad de cabras y ovejas. Los pastores que las veían pasar, las obsequiaban con leche recién ordeñada en una vasija de barro y un puño de gofio amasado con leche y miel de sus zurrones que ellas agradecían; la tarde estaba al caer y el hambre apretaba. Mientras saboreaban el alimento advirtieron que ya, por esta zona sur, apenas hacían caso del tabú de acercarse a las mujeres religiosas.

Llegaron a Montaña Bermeja cuando el sol casi se había ocultado y ya vislumbraban el tamogante, el convento de las harimaguadas sureñas, donde al llegar fueron recibidas con gran alborozo por sus devotas hermanas de religión.

Pronto se reunieron todos los participantes, con gran ceremonial, en una espaciosa cueva con cuatro puertas del faycanato, donde debatieron los problemas que les preocupaban y dieron soluciones. Tazirga expuso sus pareceres en algunas cuestiones, principalmente en las que atañían a las mujeres. Los faycanes no se interesaron por su exposición en el debate: era poco relevante para ellos a pesar del apoyo de las harimaguadas; además, solo era novicia, condición de escasa autoridad en la asamblea. Decepcionada con los faycanes por la poca estimación de la problemática de las mujeres, optó por callarse.

Regreso a Agáldar

Después de mucho tiempo de su estancia en aquel cenobio, que duraría hasta el Beñesmén, a Tazirga le pareció demasiado el encierro, impulsándole de nuevo el deseo de escapar, como le ocurriera en el tamogante del norte. Fue consciente de que la vida enclaustrada de oración no era para ella, reconociendo a la vez cómo disfrutaba del ambiente de paz que la envolvía, señal de su carácter contradictorio. Además, añoraba continuamente su tierra norteña, a su gente y a un enamorado, dudando si este aún lo estaba de ella o, en su ausencia, otra joven del caserío descansaría su cabeza sobre su hombro en aquel rincón de la playa que era únicamente de los dos.

Una mañana se despidió del cenobio y de sus compañeras de viaje; hizo un hatillo donde envolvió su túnica de novicia junto a unas pocas provisiones y, vistiendo una humilde saya, se echó al camino para llegar a su terruño, Agáldar.

Tazirga anduvo por los mismos derroteros de su ida, esperanzada por llegar a los dominios de Doramas antes de que cayera la noche y poder resguardarse en su cueva de los espíritus malignos que acechan en la oscuridad.

Allí, en ausencia del guerrero, fue acogida por su gente, ya que este siempre estaba mezclado en peligrosas contiendas. Se sorprendió de no importarle demasiado su ausencia y, con una sonrisa, reconoció que ya no era la adolescente deslumbrada por el atractivo joven; otro de pelo rojizo ocupaba cada vez más sus pensamientos.

Aprovechó su estancia en la inmensa selva para conocer las propiedades de las diferentes hierbas medicinales que las mujeres sabias de la comarca le enseñaban y, de camino, procuró hacer acopio de algunas desconocidas en la zona norte. Le mostraron una, con gran misterio, que tomada en infusión dos o tres veces al día hacía sangrar a la mujer si llevaba dos lunas sin hacerlo. Estas prácticas se hacían en secreto y rara vez, pues eran de los mayores tabúes.

A su vuelta a los dominios norteños, lo hizo por una ruta distinta; cruzó la isla siguiendo al sol en su declive, por senderos de pastores al pie de inmensas montañas, pinares y riscales llegando a un lugar, o lugarejo, donde hacían loza, como su gente. Pasó una noche entre esas buenas personas, marchando al amanecer para seguir su camino cuesta abajo hasta llegar a un precipicio donde divisó un precioso valle, muy cerca del cenobio de Laguete, siguiendo incansable la ruta que la llevaría al caserío de cuevas de su gente.

Llegó a La Degollada a media tarde, donde le dieron la bienvenida con regocijo. Su madre insistió en que no bajara aún a la costa, que mejor se quedara ayudándola, pues con su padre ausente y sin sus tías, que se habían casado y marchado a otros poblados con sus maridos, no podía con todo el trabajo. Se quedó, a su pesar, e intentó vivir por un tiempo como una más, trabajando el barro y compartiendo los menesteres hogareños, como también los del rebaño. Quiso más de una vez marcharse, deseosa de encontrarse con su amado, a pesar de los rumores malintencionados del olvido del extranjero cautivo que llegaban hasta ella.

Su familia aprovechó su desaliento arropándola y mimándola para que no se fuera e intentaron casarla con un joven, pariente cercano, de buen ver, hijo bastardo de un noble y pastor de su propio rebaño de cabras y ovejas que, si ella quisiera ser su esposa, le daría buena vida. Se dejó cortejar, pero sin dar esperanzas, convencida de que ese futuro que le pintaban de un hogar con un buen hombre llenándola de hijos y atada de por vida al clan, no era para ella, aunque sabía que la sombra de una posible y humillante exigencia por parte de los principales la primera noche de casada, seguramente no sucedería, pues ya no era una jovencita virgen que apeteciera a algún noble, a pesar de seguir siendo una mujer bella. Ella seguía con su negativa al matrimonio y su gente continuaba sin entender el destino de una mujer sin marido.

Pero lo cierto es que Tazirga nunca olvidó al muchacho que dejó en el caserío de la costa, a pesar de sentirse halagada y atraída por otros y reconociendo la posibilidad de que este lo hubiera hecho ya. Sabía que era muy requerido de amores por muchas solteras del lugar, no tanto por su apostura, sino por la falta de hombres, debido a las guerras frecuentes con los invasores. Cuán cierto su pensamiento y cuán cerca estuve de casarme con una muchacha del poblado que, de hacerlo, hubiera endulzado mi soledad ayudándome a soportar el olvido que creía de mi amada.

Un día, cuando ya habían pasado varios beñesmenes con su gente en La Degollada, Tazirga decidió regresar a la costa con su anciana abuela, ya imposibilitada por la edad y por los dolores de sus viejos huesos; dejó a su familia un tanto confusa por la forma de vida que escogió, donde le daba más valor a la libertad de proceder según su criterio que a las costumbres arraigadas desde siglos, donde la mujer era sometida mediante el matrimonio y los hijos. Ella, por su parte, vio la ocasión de huir de las presiones de su familia, obsesionada por casarla, y las exhortaciones de las viejas del clan que la atosigaban para que volviera al redil de las costumbres.

Después de tanto tiempo, me invadió una gran alegría volver a ver a Tazirga. Ya era una hermosa mujer de veinte años. Al verla, no me pude resistir y la abracé con las mismas ansias que hizo ella aquella vez que la acompañé al cenobio de Laguete. Ella correspondió a mis abrazos riendo y tirando de mi coleta pelirroja como siempre hacía como un juego para hacerme rabiar, pasando con extrañeza su mano por la barba roja que yo lucía con orgullo con el permiso dado de los jefes.

En Agujero, Tazirga volvió a recuperar las actividades del mar que la llenaban de alegría siendo niña. Se ocupó de las cabras y del pequeño huerto, ayudando a la gente del caserío en la curación de enfermedades con sus conocimientos de hierbas y cuidando con cariño a su abuela, viendo con tristeza que su saber curativo no podía hacer nada con el proceso de la vejez.

Retomamos nuestra relación marcada siempre por el amor renovado y libre, fundado en la confianza, aunque mi gusto hubiera sido tenerla siempre conmigo, cosa que en el fondo veía inalcanzable. Nos alegró que las comadres ya no se ocuparan tanto de nosotros y podíamos vivir nuestro amor en libertad. Había otras preocupaciones que tenían en vilo a la población de Agáldar: la amenaza extranjera.

Los dos nos comunicábamos tanto en su lengua, que yo dominaba, como en la mía, que ella iba aprendiendo. Tenía mucha curiosidad por saber las costumbres de mi patria. Una de las cosas intrigantes para ella era la religión cristiana. Su abuela solía contarle que, cuando ella era joven, unos extranjeros devotos estuvieron en su aldea enseñando esa religión; entre ellos estaba el anciano Rodrigo, siendo un joven fraile, pero no se acordaba de nada más, solo que se estremecía recordando lo que ellos llamaban cruz: un hombre atado a unos palos y cruelmente muerto. Estos religiosos, le contaba la anciana, iban acompañados de otros extranjeros que intercambiaban anzuelos, cuchillos y otras bagatelas muy valiosas para los lugareños, por cabras, cueros, manteca, orchilla... Estas historias las asocié con las que me contó, hace ya muchos años, el anciano franciscano.

Por lo visto la isla, desde mucho tiempo atrás, venía siendo visitada por naves de diferentes banderas; incluso a poco de la Conquista se veían por estas costas unas que mostraban la bandera negra con la calavera, sembrando el terror.

Una mañana, su querida abuela dejó este mundo. Tazirga llena de tristeza, lloró su pérdida y en un rapto de homenaje hacia ella, entregó una valiosa piel de cabra a las piadosas mujeres encargadas de amortajarla para que envolvieran aquel consumido cuerpo antes de ser depositado en la fosa.

Esa tarde, el cadáver de la anciana fue acompañado hasta su última morada por todo el caserío y por varias plañideras que lanzaban grandes gritos lastimeros. Me uní a la fúnebre comitiva al lado de Tazirga, que no cesaba de llorar. Yo también iba entristecido por la pérdida de su abuela, la cual llegué a apreciar bastante. La depositaron en el rincón destinado a los villanos, lejos de los grandes túmulos y al lado de la sepultura de su marido. Las grandes piedras que cubren las dos sepulturas reciben la brisa marina y, en el equinoccio de primavera, los primeros rayos de sol.

Después de un tiempo, el duelo por la muerte de su abuela se fue disipando y Tazirga, pudiendo tener una existencia tranquila, reavivó de nuevo las ansias de andar el camino. No la retenía nadie, ni yo lo intenté nunca; conociendo su carácter inquieto, sabía que para ella era muy importante andar el camino. Cuando notaba su desasosiego, yo mismo la ayudaba a preparar su bolsa de junco con las provisiones; ella agradecía mi comprensión con mimos y promesas eternas.

Costa de Lairaga

Tazirga pensaba ausentarse por varios días por el norte, recorriendo unos caminos por acantilados peligrosos que dan al mar, movida por la curiosidad de conocer la zona de las isletas donde, hacía unos años, unos extranjeros tuvieron la osadía de plantar su campamento atrayendo a los desconfiados naturales con dádivas, para marchar luego, sin intentar penetrar tierra adentro. Mucho más tarde, como sabéis, amigo escribiente, otros también lo hicieron y se fortificaron cerca de un gran palmeral, prosiguiendo con el gran sufrimiento de este pueblo.

Tazirga salió una mañana con intención de recorrer el litoral, pasando por la caleta donde viven sus parientes, siguiendo descampados hasta llegar a una montaña donde se divisa todo el ancho mar hasta aquella isleta a la que pretendía llegar. En la atalaya de esta montaña existe un tagoror[17], con varios asientos excavados en la roca, que era frecuentado por los principales hace tiempo, pero ahora estaba ocupado siempre por un vigilante que, incansable, oteaba el horizonte.

[17] Espacio de reunión donde los dirigentes y personas de relevancia social y política aconsejaban al guanarteme o tomaban decisiones sobre la comunidad.

La muchacha no pudo seguir adelante al ver con sus propios ojos la amenaza extranjera: un velero que se balanceaba en alta mar y dos chalupas acercándose a la orilla donde llaman Lairaga[18]. Bajó un terraplén y se escondió en una de las cuevas del gran granero comunal abajo existente; desde allí pudo ver el arribo de las barcas y a los extranjeros armados subiendo barranco arriba. El vigilante de la atalaya del tagoror ya había dado la alarma y pronto respondieron aquí y allá los bucios. Al momento surgió una partida de guerreros que se deslizó con una agilidad asombrosa risco abajo, ayudados por los largos garrotes que utilizan cuando van con el ganado.

Aunque aconsejada por el guerrero, Tazirga no volvió sobre sus pasos y regresó al poblado, sino que se quedó observando el desarrollo de la pelea junto a unas guardianas del granero, maguadas del pequeño cenobio o Casa de las Doncellas que, como ella, estaban observando la valentía de sus hermanos de raza, seguras de su victoria.

Los invasores no eran soldados, eran gente que comerciaba con esclavos. Estos, al ver la belicosidad de los canarios, huyeron a toda prisa en pos de las barcas, llevando a los heridos y dejando atrás a algunos compañeros muertos.

Los victoriosos guerreros, recogieron las armas tiradas por el barranco y pronto ascendió un humo pestilente hasta el granero por la quema de los cadáveres, práctica acostumbrada para evitar tocarlos al enterrarlos.

Esta fue una muestra más de cómo este asediado pueblo confía en los valerosos guerreros que defienden su tierra, por lo que prosiguió la vida en la comarca norteña con relativa cotidianidad; Agáldar está fuertemente protegida.

---

[18] Nombre antiguo indígena de la franja costera de los municipios de Arucas, Moya y Guía, al norte de la isla.

Amigo, cuánto me avergonzó este episodio contado por Tazirga, haciéndome recordar que yo también fui un enemigo de su raza cuando invadí su tierra con intención de esclavizar o matar, muy lejos de lo que al principio creí como sagrada misión: conquistar en nombre de Castilla. Sin embargo, al cogerme prisionero, gracias a sus tabúes, no hicieron lo mismo conmigo, conviviendo largo tiempo con ellos sin repudio, incluso curaron mi herida y me dieron de comer. Por muchos son considerados salvajes paganos, pero cuando el mundo los conozca, reconocerán que en muchos aspectos somos iguales. Estos mantienen su cultura basada en un orden de las cosas, con tabúes, sí, pero con gran reconocimiento de la lealtad y de la verdad.

El carnicero portugués cautivo

En esta sociedad existe un gremio impuro que vive apartado, apenas se relaciona con el resto de la población; viven en unas cuevas muy alejadas de los senderos principales que dan al poblado. Son familias de carniceros, enterradores y mirladores[19], formando un grupo cerrado y estigmatizado por tabúes. Sus mujeres casi siempre ejercen la misma profesión, y a veces se las ve juntas con sus hijos en un rincón de la playa de arena amarilla, cerca del gran barranco; parecen felices a pesar del rechazo.

Un día me llevé una sorpresa al reconocer en uno de los carniceros a un oficial portugués, ya mayor. Este cautivo que, como yo, había perdido la esperanza hacía ya mucho tiempo de conseguir la libertad, llegó a acostumbrarse a la vida que le asignaron sus capto-

[19] Personas encargadas de ejecutar el mirlado, es decir, la técnica de momificación de la población indígena.

res, pero en cierto modo fue endulzada al encontrar el amor en una mujer de esta raza que le dio dos hijos.

Este oficial que fue criado allá en su tierra, entre viñas y bodegas catando buen vino, llegó a probar el licor hecho por estos canarios llamado chacerquén[20], obtenido por la fermentación de los frutos del mocán. Pronto se aficionó a destilarlo y tomarlo frecuentemente, siendo este hábito mal visto por los mismos canarios, que solo lo degustaban en fiestas señaladas, como las del Beñesmén.

Bernardo, se llama el carnicero, que aún sigue siendo un gran amigo, influenciado por los vapores de la bebida, cantaba canciones de su tierra mientras cumplía con los deberes de su cometido: sacrificar las reses y su despiece para el consumo de la población. Muy avispado se quedaba con las asaduras y otras partes del animal que eran tabúes para esta gente.

Este portugués es un hombre orondo y campechano, muy distinto a esta raza de canarios que son altos, fuertes, musculosos y un tanto reservados. Desde el primer momento de conocernos surgió nuestra amistad y compartíamos muchos ratos recordando nuestras respectivas patrias, entre degustación de licor y asados de carne de cerdo. Amparados por la lejanía del poblado, bebíamos y cantábamos a nuestro antojo. Cuando me despedía de este buen hombre y de su dulce y tranquila mujer, llevaba siempre una buena parte de carne asada para Tazirga.

Estos gremios disfrutaban de mejor vida que el resto de los plebeyos; estaban mejor alimentados y no les faltaba nada en sus viviendas, aunque vivieran apartados y discriminados. Pero pronto acabaría ese bienestar y pasarían carencias de todo tipo como el resto de la población: la amenaza del hambre.

---

[20] Bebida dulce obtenida de las yoyas, fruto del mocán, maduras y secadas al sol.

Hambre por la sequía. Vuelta al cenobio

Había pasado bastante tiempo sin llover y las cosechas, con raquíticos granos, se agostaban. La gente de los poblados de Agáldar subsistía con dificultades, acudiendo muchos a la costa, porque sabían que el mar no les fallaría en la necesidad. Apenas quedaba cebada y trigo en sus hogares y las cabras estaban secas, sin leche. Aquel año se habían malogrado los nacimientos de baifos por falta de pastos en los prados. Como la gente llana del poblado, los poderosos optaron, también, por tener una o dos cabras en cobertizos cerca de sus viviendas, donde las mimaban y cuidaban para la obtención de leche para sus hijos más pequeños, dejando el resto del rebaño a su suerte. Esta costumbre perduró y, ahora, la población mestiza sigue con una o dos cabras cerca de sus hogares por comodidad; incluso se sirven de ellas como nodrizas cuando una mujer no puede dar de mamar a su recién nacido.

Tazirga, consciente de la necesidad de su gente, donó una de sus cabras a una familia de las muchas necesitadas en el caserío, dejando la otra a mi cuidado hasta su regreso, cuando decidió andar el camino de nuevo, esta vez a Laguete. Echaba de menos el contacto con sus mentoras en el cenobio, donde le era grato participar en las oraciones y ofrendas a su dios Acorán. Me quedé esperando su vuelta sabiendo que, como siempre, no tardaría en regresar y renovaríamos nuestros afectos.

A las harimaguadas, que la tenían en gran estima, les alegraba sus cortas visitas y su ayuda en algunos menesteres, sin compromiso ni reglas. Pero ahora agradecían su vuelta, necesitaban sus conocimientos para atender a unas pocas vírgenes nobles que había que preparar para sus desposorios.

Muchas veces, estas Mujeres Sagradas invitaban y alentaban a Tazirga a ingresar en el tamogante como una más; pero ella siempre rechazaba la invitación porque no estaba dispuesta a someterse al claustro, a la castidad y a la dependencia de los poderosos para sobrevivir. Aun así, siempre estaba lista para acudir cuando la llamaban, participando en los rituales, aprendiendo el arte de sanar y también como maestra de las niñas en su transición a doncellas y futuras esposas y madres.

Tazirga era muy hábil enseñando cómo curtir pieles, moler el grano, tejer juncos... aunque el principal preparativo de estas jóvenes para el casamiento era procurar su engorde. Desgraciadamente en aquel tiempo de carencias, el cenobio no estaba para un gran dispendio de alimentos; solo algunos progenitores ricos de la clase dominante podían ingresar a sus hijas, ya que eran los que sustentaban el cenobio.

Mi amada me comentaba la lástima que le producía ver cómo llegaban aquellas jóvenes de esbelta y bella silueta, que al cabo de un tiempo se transformaban en precoces y gordas mujeres-niñas a base de alimentarlas en exceso, garantía de albergar embarazos sanos en sus abultados vientres. Sin embargo, decía, las mujeres corrientes del poblado se convertían en mujeres cuando Acorán lo dispusiera y traían hijos robustos al mundo con más facilidad, sin necesidad de engordar. Ella se propuso discutir con las harimaguadas este inútil tabú.

Terminada su tarea en el cenobio como institutriz de las jóvenes casaderas, Tazirga se marchaba porque, sabiendo las carencias de alimentos, no quería ser una carga para las harimaguadas. Ella podía solventar la carencia de alimentos buscando remedio en la costa como fuera, pero las religiosas no sabían buscarse la vida acostumbradas a vivir de limosnas. Muchas novicias también retornaron a las casas de sus padres, sabedoras de que a ellas no les faltaría un puño de gofio.

Los campos seguían sufriendo la sequía. La cebada eran rastrojos que comía el ganado. Los manantiales, antes tan generosos, después tan mezquinos, apenas llevaban agua a los rudimentarios albercones, ocasionando que los ingeniosos sistemas de riego por acequias fueran motivo de disputas entre agricultores y ganaderos; por ello se reunió el Sabor[21] y se acordó aprovechar la poca agua para la gente y para el ganado, que andaba disperso por los campos. La esperanza de paliar la hambruna estaba en los silos, desperdigados por toda la zona montañosa de la comarca, que alimentarían a la población hasta que lloviera y se recogiera nueva cosecha.

La gente norteña esperaba ansiosa la distribución del grano, consciente de que la administración no fuera muy generosa, ya que había que guardar la simiente necesaria para cuando llegaran las lluvias, si su dios se compadecía de ellos.

Hacía tiempo que la corte de Agáldar se había olvidado de este soldado que fui, viviendo y vistiendo como ellos. Con frecuencia les llevaba pescado por costumbre a cambio de gofio, manteca y fruta. Pero eran tiempos de hambre y apenas me daban nada, aunque sabía que allí no la padecían; me conformaba con un poco de manteca a cambio del pescado asado que les llevaba a sus mesas. Cumplida mi misión servil retornaba a la costa por el lomo más frecuentado, acompañado muchas veces de varias familias del poblado que iban a la pesca o al marisqueo.

Era impresionante ver la afluencia de hombres, mujeres y niños por toda la costa mariscando y pescando, gente que en su vida se atrevieron a hacerlo, pero lo hacían empujados por la necesidad. Yo vi más de una riña por un enclave beneficioso para pescar. También accidentes por los riscos para acceder a los nidos de pardelas, que son muy apreciadas por su carne.

Recuerdo alimentarme junto con Tazirga de pescado, junto con higos y hierbas comestibles, como las cerrajas y brotes tiernos de

[21] Consejo militar indígena.

palmito que ella recolectaba por los campos. Compartíamos estos alimentos con algunos niños de los vecinos que la visitaban, porque sabían que en su casa siempre había algo que darles. Me contaba, llena de rabia y dolor, que en épocas pasadas su pueblo pasó una hambruna peor, llegando a sacrificar a muchas niñas recién nacidas por mandato de guanartemes y faycanes; absurdo remedio para disminuir a largo plazo bocas que alimentar. Algunas mujeres conocedoras de esas historias, se acercaban con mucha cautela a la casa de Tazirga para pedirle las hierbas que ella había traído de los dominios de Doramas y cultivaba en su huerto, expuestas a una posible denuncia del faycán.

Rogativas por la lluvia

Se corrió la voz de una gran rogativa, encabezada por el faycán, para pedir a su dios Acorán remedio a la sequía. Las gentes, llenas de esperanza, se llamaron unas a otras, tanto las del poblado como de los restantes caseríos de la zona, para formar parte de la peregrinación.

La comitiva salió al amanecer de la corte de Agáldar. Existe un camino que, pasando por las cuevas del Sabor, llega antes a Laguete, pero se decidió bajar a la costa para ir recogiendo a toda la gente que quisiera acompañarlos. Era necesario que fueran muchos haciendo gran griterío, así su dios se compadecería de ellos mandando la lluvia.

Sin dudarlo, Tazirga se puso en marcha con su hatillo a la espalda uniéndose a la comitiva, como muchos del caserío. Pasaron por los Mugaretes, por una caleta donde había un pequeño caserío y por la playa de clara arena donde la población marinera elabora pescado ahumado. Sus pasos prosiguieron hasta otro poblado costero y otro más allá, aumentando el gentío y el griterío, hasta llegar a la cala profunda que se adentra entre altos riscos, allí donde las naves de los extranjeros se esconden para caer por sorpresa sobre sus pobres víctimas: sus hermanos de raza. El peregrinar por esas zonas de la doliente comitiva, me hizo recordar la vez que acompañé a Tazirga cuando, siendo casi una niña, ingresó en el tamogante.

Cansada, la multitud llegó a su destino cuando el sol, apagándose, lanzaba sus últimos rayos sobre la playa y sobre el caserío de Laguete. Sin tardanza, hombres, mujeres y niños se acercaron al tamogante, donde fueron bien recibidos por las harimaguadas. Los hombres acamparon lejos y las mujeres, junto con los niños, fueron acogidas en el recinto sagrado. Al día siguiente se unieron todos y la gran comitiva, encabezada por faycanes y harimaguadas, se dirigió a la Montaña Sagrada de Tirma, para hacer una gran rogativa y ofrenda a su dios Acorán, clamando por la lluvia. Luego, todos se juntaron con palmas a la orilla del mar, cumpliendo una vez más con el sagrado rito.

Yo no soy creyente, aunque fui bautizado en la fe cristiana y, por supuesto, menos creyente en la fe pagana de los canarios, pero te aseguro, amigo, que aquel año, llegado septiembre, empezó a llover tanto que no paró en quince días. Hubo destrozos de bancales, rotos los albercones y acequias. Corrió el barranco de Agáldar en toda su longitud, llevando algunos animales muertos y restos de algunas casas anegadas.

Esta pobre gente volvió a lamentarse alzando sus plegarias al cielo para que cesara aquel diluvio. La lluvia cesó cuando tenía que cesar, afanándose todos en enmendar los destrozos ocasionados por derrumbes y riadas; y la vida continuó. Milagrosamente, cuando llegó la primavera, los manantiales volvieron a manar el preciado líquido y los campos a lucir su manto verde.

Recuerdo muy bien que mi choza se convirtió en un barrizal por efecto de la lluvia y por mi desastre como constructor, mientras las demás del caserío, construidas sin barro, solo con piedra seca que calzaban con eficacia, no sufrieron daños. Tazirga hizo que me refugiara en la suya mientras durara el temporal y yo reconstruyera la mía. No dudé en aceptar su invitación demorando ese quehacer todo lo que pude; quería estar al abrigo de su choza con ella, y para mi sorpresa, también con su cabra.

Su vivienda, que antes fue de su abuela, situada muy cerca de la desembocadura del gran barranco, era una construcción sólida, como todas las del caserío. Consistía en una superficie cruciforme, semienterrada, a la que se accedía por un par de peldaños. Los dos pequeños cubículos eran los dormitorios donde se descansaba sobre una plataforma de pieles. En el centro estaba el hogar, que consistía en tres teniques que albergaban tibias brasas. La superficie de la cabaña era como tres veces la mía, de tierra apisonada cubierta de esteras de palma. Arrimado a sus paredes vi parte de su exiguo ajuar y colgando de las vigas del techo, fuera del alcance de sabandijas, algunos gánigos que contenían escasos y pobres alimentos, además de ramilletes de diversas hierbas curativas secas. Los aperos de pesca y el molino de mano, que blanqueaba con restos de gofio, estaban cerca de una pared y al lado de la puerta, formando un montón, el forraje para la cabra. Colgaba del techo también una pequeña plataforma de junco donde seguramente se curó algún queso.

Apenas se notaba la mezcla de olores en la vivienda resaltando el de lavanda, una de las hierbas olorosas que cultivaba el difunto anciano fraile y regalaba a todo el mundo y que Tazirga cultivaba ahora en su huerto. Cerraba su vivienda una puerta de tablas desiguales por donde entraba el aire, no el agua, por tener la cubierta inclinada formando alero. Aquellos días de lluvia, caían verdaderas cortinas de agua delante de la casa, que aprovechamos para nuestras necesidades, incluido baños reconfortantes; porque a pesar de tanta agua, el tiempo era agradable, tibio, pudiendo salir a pescar para nuestro sustento sin importarme la insistente lluvia.

Me sorprendió ver la cabra en uno de los cubículos, precisamente el que pertenecía a su abuela. Ella me aclaró que las lluvias habían destruido su corral y no quería que estuviera balando de hambre a la intemperie; además la proveía de la poca leche que daba. La otra cabra ya se la había dejado a una vecina que también la tenía dentro de su hogar, beneficiándose de su leche para alimentar a sus hijos más pequeños. En el caserío se trataban como una gran familia, ayudándose unos a otros, como la cosa más natural del mundo.

Tazirga, aya de la princesa Tenesoya

A lo largo del tiempo, Tazirga, ya mayor, por la intervención y recomendación de las harimaguadas, que gozaban de gran influencia en la casa del guanarteme, fue colocada como aya de la joven Tenesoya, llamada también Tenesso, y de la pequeña Arminda, que quedó huérfana a muy tierna edad al morir su madre, la reina Atendiura, mujer muy querida por sus bondades. Egoinaga no tardó en casarse con su sobrina para mantener su rango de guanarteme, costumbre de la ley matrilineal que imperaba en esta cultura.

Tazirga dejó su hogar y se instaló en el palacio. Yo me quedé solo en su cabaña. El día en el que se fue, ella me consolaba diciendo que nunca nos separaríamos, aunque viviera con los principales. Yo la creía, pero no dejaba de sentirme como huérfano otra vez. Tazirga era todo para mí y, sin embargo, no estaba seguro de si yo lo era para ella; aun así, me consolaba pensando que no estábamos lejos el uno del otro.

La vida en la corte del guanartemato transcurría plácida, aunque alerta a los peligros que entrañaban los frecuentes intentos de invasión de codiciosos extranjeros; a pesar de todo, las princesas y otras damas importantes se creían seguras custodiadas permanentemente por un grupo de guerreros que rodeaban el palacio.

Siempre veía a Tazirga cuando llevaba pescado para el consumo de la casa, como costumbre, ya que no sabía hacer otra cosa. Los nobles habían olvidado mi condición de criado y cada vez que les llevaba las capturas me daban algo para mi sostén como trueque, y no solo alimentos; una vez me dieron una especie de capa de piel de cabra que cubría mis hombros y me resguardaba de la lluvia y del escaso frío en invierno. Desde el primer año de mi estancia en esta isla me sorprendió el agradable clima que se disfrutaba, pasando casi inadvertidas las estaciones.

El día en el que me dieron la piel de cabra fue Tazirga la que la puso sobre mis hombros y, riendo satisfecha, me abrazó, como también lo hizo la pequeña Arminda, princesa heredera de Canaria, rodeando mis piernas. A pesar de la edad, Tazirga ya tendría cuarenta años, yo seguía encontrándola hermosa; no sé cómo me vería ella, que le llevaba dos años y ya me consideraba viejo.

Cuando las princesas no reclamaban a mi amada, pasábamos ratos inolvidables sentados al pie de un enorme drago, muy cerca del palacio, hablando y amándonos como dos adolescentes que se descubren por primera vez. Nuestras conversaciones siempre giraban en torno a la guerra y a la inseguridad de su pueblo, pero acababa siempre en nosotros, jurando nunca separarnos a pesar de lo que el destino nos deparara. Este destino nos alejó muchas veces, pero las veces que nos juntó fueron las más dulces que disfrutamos hasta que, finalmente, la muerte nos separó.

Siguiendo con el hilo de mis recuerdos, amigo, aquellos habitantes de la Agáldar, como los del resto de la isla, eran conscientes de las amenazas de los extranjeros, por lo que los guerreros eran ejercitados continuamente por los guayres en sus particulares técnicas de pelea, muy conocidas y temidas por los invasores por la destreza de sus rústicas armas y por los descalabros que ocasionaban los lanzamientos de enormes piedras de las que los foráneos ya conocían sus mortíferos efectos. Además, poseían algunas armas enemigas pero, aún así, no hubieran sido capaces de medirse con ellos en igualdad de condiciones, por la ventaja a favor de los invasores, cada vez más numerosos, y con caballos y armas de fuego, novedad terrorífica para los canarios.

Muchas veces las princesas acompañadas por Tazirga se acercaban a aquel terreno llano algo separado del palacio, para observar cómo los bravos guerreros desafiaban en la lucha que, como deporte, practicaban agarrados, y admiraban su valentía y su sentido del honor. Ella les señalaba, llena de orgullo, a sus hermanos; aquellos dos bravos luchadores de alta estatura y fuerte complexión que casi siempre salían vencedores.

Pero últimamente no eran juegos sino prácticas de guerra lo que se desarrollaba en aquel recinto y Tazirga miraba sobrecogida cómo se entrenaban los jóvenes, temiendo por sus vidas cuando llegaran a enfrentarse al enemigo.

Mientras, la invasión de los extranjeros era cada vez más cercana, siendo muy peligroso andar por los caminos, donde patrullas de soldados a caballo hacían correrías para robar ganado, matar a gente inocente o hacer cautivos. Ella, consciente del peligro, se conformaba con hacer cortas excursiones con Tenesoya y la pequeña Arminda Masequera que la adoraba, siempre acompañadas por una escolta de fornidos guerreros.

Fue aquel día de celebración del Beñesmén cuando, al amanecer, Tazirga acompañó a la princesa Tenesoya, junto con una criada, a la costa, donde acostumbraban a bañarse en un pozo natural poco profundo. Muy cerca, unos soldados lusitanos estaban escondidos desde la noche anterior entre las rocas. Alguien les había informado de la costumbre del baño temprano de la princesa.

Fue cuestión de poco tiempo que estos soldados agarraran a Tenesoya dentro del agua, desnuda, y la llevaran a la barca. Tazirga en su desesperación se aferró a ella, metiéndose en el pozo queriendo impedir el rapto, por lo que también la subieron a la embarcación junto con la criada, atándolas para impedir que se tiraran al agua y escaparan. Uno de los soldados, compasivo, se quitó su jubón cubriendo la blanca desnudez de la princesa. Así, desoladas, mojadas y angustiadas se vieron en aquel navío rumbo a la isla de Lanzarote.

Algún tiempo estuvieron Tazirga y Tenesoya en Teguise, la capital de los dominios de Inés Peraza en la isla, lo suficiente para que su amada pupila descubriera el amor y la nueva religión, y ella otro modo de vida, llegando a reconocer con dolorosa certeza que sería, con el tiempo, la que se impondría por la fuerza a la suya y a la de su gente.

Sin embargo, sabía que los usos y costumbres de los extranjeros en cierto modo ya habían calado en su pueblo por la permanencia de frailes, en algunos casos; otros por las visitas esporádicas de barcos en la costa con ánimo de apresar a algunos indígenas; y otras veces para hacer trueques con los suyos, siendo estos visitantes de diversas nacionalidades. Esa era la razón de que muchos compatriotas tuvieran como un tesoro objetos de metal como cucharas, agujas, clavos y algunas herramientas de labranza. Entre la población indígena perduran aún algunas palabras en portugués y en castellano, además de la fe cristiana que algunos religiosos se afanaron por enseñar, con el consentimiento favorable del faycán. Más tarde, al culminar la conquista, serían obligados a olvidar su lengua y sus creencias religiosas.

Mientras Tazirga estuvo en Lanzarote, por conveniencia se afanó en aprender mejor el idioma castellano, del que conmigo ya tenía conocimiento, así como también el portugués, ya que eran estas lenguas las que se oían hablar en la corte de Inés Peraza; además observaba sus costumbres cortesanas: la adulación, las intrigas o la prepotencia, cosas que no le extrañaban, pues en la corte de los guanartemes también ocurría lo mismo; pero el desprecio hacia la raza indígena en la corte de Teguise la llenaba de tristeza.

El regreso de Tazirga a la isla de Canaria

Mi amada fue devuelta a la isla bautizada como María Tazirga, pero al pisar su tierra se despojó de aquellas vestimentas castellanas, volviendo a vestir su larga túnica de piel blanca que roza el suelo; aquella que vestía en el cenobio cuando era maguada, como una forma de fidelidad a su raza. A su regreso se puso al servicio del guanarteme, siendo conocida por todos como "lengua" (intérprete), asistiendo a los principales con sus conocimientos y sus certeros consejos.

Tazirga volvió a vivir en palacio junto a la pequeña Arminda y la princesa Tenesoya que languidecía de amor, después de haber sido devuelta a su tierra por un trueque de prisioneros castellanos y portugueses. Ella se había enamorado del normando Maciot, su marido, y Tazirga sufría viendo cómo lloraba y llamaba por la noche a su esposo en sueños.

Por primera vez, mi amada hizo traición a la lealtad que tenía al guanarteme. Lo hizo por el amor que profesaba a su pupila cuando aquella noche fue cómplice de la huida de esta para encontrarse con su esposo. No hizo caso cuando la pequeña Arminda le avisaba de que alguien salía de casa al oír la puerta abrirse, asegurando que tenía que ser alguien de palacio, pues los perros no ladraban. Ella le dijo a la niña que no pasaba nada, que durmiera tranquila; sabía muy bien que era Tenesoya quien había salido de casa para ir al encuentro de su amado que, ansioso, la esperaba en una barca a la orilla de Bañaderos, en la costa de Lairaga. Se alegró al pensar que no tardarían los enamorados en encontrarse y partir rumbo a Lanzarote.

Tazirga estuvo un tiempo sintiéndose culpable viendo la tristeza del guanarteme por la huida de su sobrina, pero sabía que fue correcta su implicación en aquellos hechos: Tenesoya tenía derecho a la felicidad.

Cuentan que Tazirga, de natural compasiva, sintió la necesidad de influir en el guanarteme por la liberación de Diego de Silva, invasor lusitano apresado, cuando reconoció a unos militares de la corte de Lanzarote; estos, al verla, le rogaron su intercesión, porque ya estaban sentenciados a muerte por el reciente y frustrado ataque a Agáldar. Dudó mucho tiempo antes de hacer lo que le pedían, por la rabia que sentía ante la destrucción de las humildes casas de la costa y los crueles asesinatos. Al final fueron liberados sin daño alguno y acompañados por el guanarteme y sus guerreros para su embarque en las naves que esperaban. Por estos hechos, los soldados empezaron a llamar al rey canario Guanarteme el Bueno.

No tardó mucho tiempo en volver la amenaza de invasión, esta vez más cercana. En el poblado de Agáldar apenas había hombres: las mujeres con sus hijos y los ancianos sobrevivían cada vez con más estrechez. Muchos residentes de los caseríos cercanos, que habían sobrevivido al ataque del ejército lusitano, fueron al amparo de la corte, alojándose en casas de parientes y amigos, siendo aún más difícil la supervivencia por la escasez de alimentos.

Agujero quedó prácticamente desierto. Únicamente quedamos dos o tres viejos en un panorama desolador y triste.

El temor a la invasión se unió a otras desgracias: las enfermedades que acabaron con una parte importante de la población. Recuerdo que por ese tiempo murió la madre de Tazirga, Atteneri, y muchos de sus parientes de la Degollada. Nunca supe si sería de las enfermedades que transmitían los soldados extranjeros o por la debilidad de sus gentes por la carencia de alimentos. Horrorizado escuché, algún tiempo después de la ocupación de Agáldar, a algunos soldados castellanos diciendo que el gobernador había mandado envenenar algunos nacientes, ocasionando la muerte a muchos canarios.

Los hermanos de Tazirga, convertidos en valerosos guerreros, lucharon al mando del aguerrido guayre Maninidra, igual que hizo su padre, muerto hacía tiempo en la lucha por defender a su gente. La última vez que vio a sus hermanos en Agáldar, le informaron de la existencia del campamento entre palmerales que habían instalado los castellanos más al norte de la isla, al pie del barranco que siempre lleva agua y llaman Guiniguada; y que, con el tiempo, se había ido convirtiendo en una fortaleza que alberga soldados y caballos cada vez más numerosos. El gobernador de esta fortaleza, que llaman El Real de Las Tres Palmas, tuvo fama por su crueldad, llegando a quemar los cultivos y talar las higueras para reducir a la población por hambre.

Reinado de Tenesor y declive de un modo de vida

Pasado el tiempo y muerto Guanarteme El Bueno, ocupó el guanartemato un pariente cercano al que llaman Tenesor. Era el joven noble que conocí como Guayedra y que acompañé muchas veces a la pesca en Agujero. Recuerdo que era muy amable conmigo, a pesar de su alta dignidad. Últimamente como rey, se ocupaba de administrar sus dominios, siempre en conflictos por el avance de los conquistadores teniendo a su lado al valeroso Doramas.

La nobleza de Agáldar terminó por instalarse en el Valle de Guayedra, huyendo de los invasores, creyéndose seguros en sus montañas. Tazirga tenía en gran estima a Abenchara, la reina; mujer delicada de salud por su embarazo que siempre solicitaba sus consejos de curandera y su amistad, pues se encontraba muy sola y asustada por el ejército castellano que se acercaba. Ella, gustosa, se desplazaba a aquella parte de la isla muy cercana al Tamogante, donde había convivido con las harimaguadas, yendo con mucha precaución por los caminos llevando remedios a la reina, tanto en pócimas curativas como su apreciada amistad.

Un día se corrió la voz de que la reina había sido raptada; el temor fue en aumento cuando prendieron a Tenesor.

El poblado de Agáldar iba quedando deshabitado poco a poco al ir su gente huyendo de los invasores. Familias enteras se desplazaban a la cumbre donde se creían más seguras; pocos quedaron en el poblado, casi todos ancianos, entre ellos yo mismo; ya no tenía razón mi condición de cautivo; no tenía nada que temer. Tazirga se había mudado a una cueva en el barranco y nunca le faltó nada para subsistir gracias a Dña. Luisa, que había retornado a su terruño; de mí aceptaba gustosa alguna golosina. Yo ocupé una vivienda vacía cerca del palacio del guanarteme, abandonada por una familia huida al centro de la isla.

Tazirga siempre estaba pendiente de los acontecimientos que se desarrollaban en la cumbre por medio de algunas mujeres, cuyos maridos no querían rendirse y luchaban al lado del príncipe Bentejuí. Por ellas supo que sus hermanos estaban vivos allá en Ansite, mientras en su Agáldar el miedo y el desaliento se iba apoderando de la escasa población, viéndose sin el timón de un gobernante que los guiara y defendiera, hasta que ocurrió lo que poco a poco se iba gestando: la ocupación del ejército castellano y la destrucción de un modo de vida.

Mestizaje

Ahora, Agáldar es un poblado distinto, ocupado por otra raza y otras costumbres; solo unas pocas familias de canarios sobreviven, apartadas y temerosas, intentando adaptarse al nuevo estilo de vida. Muchas mujeres, que padecieron vejaciones por parte de la soldadesca, ahora son reclamadas por estos como esposas para poder permanecer en la isla, según un Edicto Real.

Recuerdo a Tazirga rechinar los dientes por esta orden.

Ella vivió con angustiosa resignación la conquista de su tierra y el declive de su cultura inmersa en tabúes, con los que nunca estuvo de acuerdo, tratando de erradicarlos por su influencia en las harimaguadas, casi siempre sin éxito. Tazirga fue el producto de vivir entre dos mundos, queriendo extraer lo mejor de cada uno para una existencia tolerante y en armonía. Nunca se rindió al mundo poderoso que prevaleció por pisotear el suyo, sin darle oportunidad a su gente de comprender y asimilar el cambio.

Yo no volví a mi tierra. Culminada la Conquista me quedé en la ya Villa de Gáldar. Ya era viejo para seguir de soldado y menos como colono, por lo que subsistía con una paga del ejército que me otorgaron. Nunca me casé, la mujer que yo quise siempre fue Tazirga; aunque tuve la oportunidad de hacerlo en muchas de sus ausencias, que duraban demasiado; algunas mujeres del poblado, en mi lejana juventud, se habían sentido atraídas por el muchacho que fui. Mi amigo Bernardo, el portugués, también se quedó. Forma parte ahora de la nueva Villa de Gáldar, junto a su mujer y sus hijos, ya bautizados, como apreciado vecino y reconocido carnicero. Estoy seguro de que, con el paso del tiempo, el apellido Llanes, perdurará en su mestiza descendencia a lo largo de los tiempos.

No quería seguir comentando, amigo escribiente, cómo siguió transformándose Agáldar con la ocupación, ya que habéis sido testigo. Pero lo hago bajo vuestra insistencia, con mis recuerdos y mis palabras.

El pueblo fue transformándose a medida que fueron estableciéndose los conquistadores en sus cuotas de repartimiento; también los colonos venidos de muchos lugares de España fueron asentándose al señuelo de un medrar rápido por los primeros cultivos de la caña. Así se iba formando un pueblo al estilo castellano, pero con regusto aborigen.

Los canarios que sobrevivieron a la masacre de la guerra y a la esclavitud fueron ciudadanos de segunda en su propio suelo, dedicándose a tareas como peones agrícolas, trabajos domésticos y como pastores a sueldo, tratando de vivir lo mejor posible aceptando las nuevas leyes y la nueva religión.

Los esclavos de otras razas, que trabajaban en los ingenios y en las plantaciones de caña, eran habituales en la Villa, donde eran mirados por los nativos con mucha tristeza, acordándose de sus hermanos que también sufrían cautiverio en su tierra y en otras partes del mundo, cosa que les afligía.

La clase alta de esta raza fue la que disfrutó de mejor bienestar, al mezclarse las mujeres de la casta Semidán, entre ellas la princesa Arminda y las hijas de Tenesor, con los conquistadores de renombradas casas castellanas adjudicatarios de las mejores tierras con agua, o casarse con ricos comerciantes de otros países. Y, como era de esperar, toda la nobleza aborigen fue bautizada en la fe cristiana en los primeros momentos de la ocupación.

Tenesor Semidan, último guanarteme, bautizado como Fernando Guanarteme, y otros guayres también recibieron lotes de esta tierra de la que ayer habían sido los amos absolutos. Ahora Gáldar presume de hidalguía.

Mucho conversamos Tazirga y yo, cada uno con muchos años en nuestras encorvadas espaldas, sentados al abrigo de su cueva o bajo la higuera del huerto de sus yerbas curativas, imagen del que dejó en Agujero. Recuerdo verla siempre con la túnica de piel blanca, tan blanca como sus cabellos. Yo le traía naranjas y aguamiel y algunas veces me quedaba a dormir con ella. Hablábamos de nuestras vidas y de cómo se iba transformando la comunidad con tanto extranjero, con tanto convento y con tanto franciscano suelto condenando al fuego eterno si no se cumplía con los preceptos de la Iglesia. Los señores inquisidores me tenían vigilado, pero yo era muy viejo para preocuparme.

Ya estaban apareciendo los primeros mestizajes con nombres cristianos, adaptados a los nuevos tiempos, intentando recuperar un hueco que por derecho les pertenecía en la tierra expoliada. Los nacidos de padres europeos, que en la recién colonizada América llaman criollos, miraban con altivez el surgir de esta nueva clase de canarios, dejando siempre patente no pertenecer a ella, influenciados por la Inquisición, pero hipócritamente se arrimaban a los jóvenes nobles mestizos: la nueva élite.

A la vez que el mestizaje, también iban apareciendo ermitas y conventos por doquier. Al lado del palacio del guanarteme, en una casa canaria, se levantó la primera iglesia de Santiago Apóstol, rodeada de otras casas de techos de tejas a dos aguas. Se trazaron calles de tierra apisonada y algunas empedradas, donde circulaba la novedad para los canarios de algunos carros tirados por animales; y de gente ataviada con vestimentas castellanas mezclada con los que vestían tamarcos, reacios al cambio; además, miraban asombrados los primeros comercios con productos extranjeros que, en tenderetes, se exhibían en la explanada, delante de la iglesia, como en cualquier pueblo castellano, tanto de los primeros artesanos venidos de fuera, como de los mestizos y los de sangre pura aborigen, que también ejercían esa actividad con productos propios. Había empezado a circular la moneda, que facilitaba la transferencia de bienes y servicios.

No era raro ver pasear por todas partes a religiosos y militares con aires de poder. En la misa de los domingos era impresionante la asistencia de fieles y menos fieles que, por miedo a la Inquisición, procuraban ser vistos en ella. Muchas veces me apostaba en una de las calles de la Villa para ver pasar a las princesas vestidas a la usanza castellana, tocadas con ricas mantillas de encaje, llevando de la mano a sus pequeños mestizos, seguidas por sus criadas, dirigiéndose a la iglesia con mucho porte y sentándose en los sitios de privilegio, cerca del altar.

Pasados los años, la pujanza y la importancia como capital del Real de Las Palmas fue un atractivo para establecerse en ella los poderosos terratenientes galdenses, quedando la Villa de Gáldar en un declive soñoliento de poder y vano lustre, donde, poco a poco, una clase laboriosa iba tomando el relevo.

Aunque tenía mi casa, casi siempre me iba a la cueva de Tazirga, que me parecía más acogedora. Ella no subió nunca a la Villa, no quería ver a la desgraciada gente de su antigua Agáldar, sin aquel orgullo de raza que les caracterizaba y que muchos ocultaban para poder sobrevivir. Bastantes compatriotas suyos se habían marchado a la cumbre como alzados, siendo perseguidos y muertos, quedando sus familias desamparadas y expuestas a la esclavitud. Otros se habían marchado a las lejanas tierras descubiertas.

Tazirga, aunque fue bautizada al cristianismo cuando estuvo en Lanzarote, invocaba protección y amparo para su gente haciendo secretas ofrendas a su dios Acorán. Ella, en su sabiduría, pensaba si no sería la misma deidad de unos y otros, aunque lo invocaran y rezaran de distinta manera. Yo no sabía qué decirle, pero la acompañaba a la Montaña Sagrada de Amagro a sus plegarias y ofrendas, cuando nuestros cansados pies nos lo permitían. Mi compañía la protegía de los fanáticos que la tachaban de hechicera, especialmente frailes y sacerdotes, por su forma de vida rebelde y apartada, practicando curaciones con hierbas y brebajes, acogiendo a perseguidos y desvalidos en su cueva-vivienda cual si fuera un cenobio, ajena a la autoridad de una Iglesia que ella no entendía; pero, en el fondo, nadie se atrevía a hacerle daño por su influencia en la clase dirigente.

EPÍLOGO

Termino la narración de estos extraordinarios amantes dando cuenta de sus últimos días en este mundo.

La vejez de Tazirga transcurrió en su acogedora cueva del frondoso barranco, entre higueras y palmerales. Nunca estaba sola; Juan, el anciano castellano de barba blanca, que antes fue roja, y cabeza ausente de cabello, iba a visitarla a menudo. Me decía Dña. Luisa que era enternecedor verlos sentados en las cálidas tardecitas a la puerta del hogar, dormitando con las cabezas juntas. La gruta está situada muy alejada del barrio de la Cueva Pintada y del pueblo emergente que ahora es la Villa de Gáldar.

Tazirga fue favorecida y protegida en su vejez hasta su muerte por doña Luisa de Betancourt: su amada pupila Tenesoya.

No habían transcurrido muchos meses de la muerte de Tazirga, cuando el anciano soldado Juan González cayó en una melancolía tan extrema que se iba consumiendo poco a poco. Sabiéndolo doña Luisa, mandó llevarlo a su casa, a poco de la suya, cuidándolo con buenos alimentos y acompañando su vejez con narraciones antiguas, cuyo centro era siempre Tazirga para animar su tristeza, inspirando alguna sonrisa al anciano. Yo fui su compañero y amigo en sus últimos días y nunca dejó de cautivarme con sus historias. Murió la mañana del pasado año, víspera de la Fiesta del Señor Santiago, tranquilo en su sillón, con el collar de lapas al cuello que le regalara Tazirga en los años de su mocedad y que nunca se quitó.

Francisco de Molina, escribano, Villa de Gáldar, a 18 de febrero de 1504.

Este relato no tiene nada que ver con mi profesión de escribano, solo soy escribiente por una promesa que hice a un amigo, guardando estos pliegos por si algún día alguien decide leerlos.

A - Tirma

B - Tamogante norte

C - Laguete

D - Corte de Agáldar

E - Agujero

F - Tagoror

G - Lairaga

H - Terore

I - Atamarazait

J - Real de Las Tres Palmas

K - Tamogante sur

Canaria
Guanartemato
de Agáldar
A
B
C
D
E
F
G
H
I
J
K
Guanartemato
de Telde

FIN